A VERY SHORT INTRODUCTION

哲学がわかる

因果性

スティーヴン・マンフォード STEPHEN MUMFORD
ラニ・リル・アンユム RANI LILL ANJUM
塩野直之　谷川卓 訳

岩波書店

CAUSATION

CAUSATION: A Very Short Introduction
by Stephen Mumford and Rani Lill Anjum

First published 2013 by Oxford University Press, Oxford.

This Japanese edition published 2017
by Iwanami Shoten, Publishers, Tokyo
by arrangement with Oxford University Press, Oxford.

はじめに

なぜ因果性なのか

因果性は万物の最も基本的な結びつきである。それなくして、道徳的な責任は存在しない。私たちの思考はどれも行為と結びつきを持たず、行為はどれも行為の帰結と結びつきを持たないことになるだろう。法の体系も存在しなくなるだろう。人に責任を負わせることは、人が負傷や損害を引き起こした場合にのみ成り立つからである。科学や技術もなくなるだろう。私たちが自らを取り巻く世界の中で行ういかなる介入も、因果的な結びつきが存在し、それが少なくともある程度は予測可能であることを前提とする。因果性こそが、この予測の基盤であり、そしてまた説明の基盤である。

だが、あるものごとが別のものごとを引き起こすこと、たとえば石が窓を割るとか、油でつるつるしていることがスリップと衝突を引き起こすといったことは、いかなることであろうか。哲学者は、少なくともアリストテレス(紀元前三八四—三二二)にまで遡る数千年間にわたり、この問題と取り組んできた。哲学者はこの問題に抽象的な仕方でアプローチし、他方、科学者はそれに具体的な事例の中で出会う。諸科学は因果的な主張に満ちており、科学者はどこかで、自分たちは本当のところ何を扱っているのかと問わずにいられない。

これには多数の見解がある。因果性の基盤は規則性、つまりあるものや出来事が別のものや出来事と恒常的に連接していることだと考える者がいる。他方、そのようなことは因果的な結びつきにとって十分でも必要でもないと言う者もいる。もう一つの理論としては、結果の存在が原因の存在に依存することだというものがある。だがそれは、原因を他の関連した諸現象から適切に区別できるかどうかが問題となるだろう。本書は、因果性の主要な諸理論、さらにそれをとりまく議論や論争へと読者を案内するものである。原因が結果を産み出すのは、結果を保証することによってであろうか。原因は結果に先立たなければならないのだろうか。因果性は物理学の扱う力に還元できるであろうか。そして、因果性を単一のものごとと考えることはそもそも正しいのだろうか。

因果性は論争に満ちた領域だが、私たち著者はそれにしりごみするまい。むしろ、世界のこの最も直近にある重大な要素について、まだ最終的な合意が得られていないという事実を率直に認めよう。私たちは、体系的な概説を目指すことはせずに、哲学のこの中核的な話題の一つに読者を案内しよう。だが本書は、哲学者のためだけのものではない。エンジニアも薬剤師も、みな因果性と関わっている。実際、誰しもそうする以外に選択の余地がないのである。因果性がなければ、私たちが世界で行う介入にはどれも何の眼目もないことになるだろう。また他の諸科学において、因果的な説明は説明の最も一般的な形式である。そして予測は既知の因果法則を前提として行われる。因果性は哲学のみならず、物理学、生物学、化学、地質学、気象学、天文学、海洋学にとってもまったく劣らず必須の要素である。さらに経済学、歴史学、社会学、人類学、心理学、教育学、政治学、法学といった社会科学も忘れてはならない。因果的な主張に満ちている点ではそれらも同様である。

因果性という話題はその本性上、抽象的で専門的なため、哲学の他の多くの分野と同様、初心者には馴染みにくいかもしれない。しかし、因果性に関する基本的な考え方、概念、問いの多くは十分に素朴なものであり、本書は専門的な用語に頼ることなく、いくつかの主要な論点を説明してそれらに対する興味を喚起するようにしたい。

因果性の理論を身につけて初めて、私たちは因果性を探しに行くことができるようになる。それゆえ、哲学を通じて各人が因果性の理論を磨くことは、原因を発見する方法を磨くことになるはずである。これはたいへん重要な課題だと言えよう。ある病気の原因を特定すること、さらにもちろん、その病気からの回復を引き起こすことのできる薬品を発見することには、命がかかっている。また、何が気候変動を引き起こしているのかを理解して初めて、私たちはその抑制の成功に希望を抱くことができる。戦争、貧困、苦難や苦痛の諸原因は、どれもみな特定したうえで回避すべきものごとである。そしてそれらに代えて、安定や平和、繁栄の原因を促進したいものである。だが、あるものごとが別のものごとを引き起こすとはどういうことかを理解していなければ、それらを見いだすことにいったいどうして希望を持てようか。こうしたわけで本書は、因果性とは何かを知る必要のある人みなにとって、つまり私たち著者に言わせればおよそすべての人にとって、出発点となるものである。

目次

はじめに　なぜ因果性なのか

第1章　問題　因果性のどこが難しいのか　001

第2章　規則性　結びつきのない因果性はあるか　017

第3章　時間と空間　原因は結果よりも前に起こるか　035

第4章　必然性　原因はその結果を保証するか　051

第5章　反事実条件的依存性　原因は違いを生じさせるか　069

第6章　物理主義　すべては伝達に尽きるのか　085

第7章　多元主義　異なる多くの因果性があるのか　101
第8章　原初主義　因果性は最も基礎的か　115
第9章　傾向性主義　何が傾向を持つのか　131
第10章　原因を見つける　それはどこにあるのか　147
一言だけのあとがき　161
解　説（谷川　卓）　163
日本の読者のための読書案内（谷川　卓・塩野直之）
読書案内
索　引

＊原書中の写真や図は本文を読むうえで必要なもの以外は割愛し、索引は新たに訳者が作成した。注は訳注である。

第1章　問　題
因果性のどこが難しいのか

ネズミが襲来して街に殺到する。道路を埋めつくし、ゴミ箱をあさり、家に入ってくる。街の人たちはこのような光景をかつて見たことがなく、侵入するネズミを追い払って駆除しようと試みるものの、失敗に終わる。ネズミが最初に現れた数日後、胃の調子がおかしくなって病気になる人が出始める。中には命に関わる場合もある。病気は広がり、街の住民の過半数が感染する。ネズミの侵入も、伝染病も、この街にはそれまで起こらなかったことである。すると当然、次の疑問を抱く人が出てくる。ネズミが病気を引き起こしたのだろうか。

これがネズミのせいなのは明らかなようにに見えるかもしれない。その地域の環境に新たな要因が入ってきて、それに続いてすぐに病気の蔓延が起こったのである。だが本当に、一方のものごとが他方のものごとを引き起こしたのだろうか。もしかすると、ネズミが現れた直後に人々が病気になったのは、ただの偶然の符合かもしれない。あるいは、病気を持ち込んだ何か別の要因があったのかもしれない。ある若い女性がちょうど、外国旅行から体調を悪くした様子で帰ってきたところだった。彼女が病気を持ち帰ったということもありうる。

以上の問題は、原因を特定することの重要さを示している。もし、病気が蔓延し続けていることがネズミに起因するのなら、ネズミを封じ込めるなり根絶するなりすることは、おそらく高い優先順位を持つだろう。だが、もし原因が別のところにあるのなら、ネズミ問題は後まわしにできる。

しかし、それ以前の疑問が一つある。一つのものごとが別のものごとの原因であるとはどういうことかについて、あらかじめ何らかの理解が得られていなければ、病気であれ何であれ、その原因を探すことにそもそもどうやって取りかかることができるのだろうか。これがあれの原因だと言えるようになる前に、私たちは当然、因果性とは何かを知っていなければならないのではないだろうか。私たちは、因果性の理論を必要としている。そして、個別の因果的な主張をする人は、ともかく何らかのそのような理論を手にしているのでなければならない。そうでなければ、その主張は中身がないことになるだろう。

未熟なものではあるが、そのような理論の一つは、次の事実に依拠してつくることができる。すなわち、ネズミが来る前に、街に病気はなかった。だから、ネズミが病気を引き起こしたのである。こうした考察から引き出される理論は、次のように定式化することができる。つまり原因とは、新たに導入された要因で、目についた変化に先立つもののことである。しかしこれから見るように、これはまだ改善できるはずである。因果性とはおそらく、このような素朴な定義で汲みつくせるものではなく、もっと複雑なものであろう。私たちがこれから行う作業は、そこに絡む複雑さを多少なりとも説き明かすことである。

哲学的に考える

ここで問われている問いは、すぐれて哲学的な問いである。因果性とは、何であろうか。これは当初は、因果性ということで私たちは何を意味しているのか、という概念的な問いである。しかしそこからすぐに、実在世界における因果性の本質とは何か、という問いへと歩みを進めることができ、これは、因果性とは何であるのか、というむしろ存在論的な問いである。とはいえ今の段階で、概念的と存在論的の区別にあまり深く足を突っ込む必要はない。重要な点は、これらの問いは単に経験に訴えるだけで決着をつけられるようなものではないということである。

科学は、究極的には感覚に与えられる証拠によって決着をつけるべき課題を扱う。場合によっては、理論と観察のあいだに相互に影響関係があり、多くの理論は経験的にテストできるはるか以前から有効だとみなされる。経験的な証拠とは、観察を通じて獲得される証拠のことである。それは顕微鏡やオシロスコープのような機器を用いてもよいし、用いなくてもよい。今日でも、経験的なテストは科学の目印であり、科学的な真理の最終的な裁きの場だと考えられている。

さて、何が何を引き起こすかという問題は、もちろん経験的な事柄とみなしてよいはずである。太陽フレア、干ばつ、化学結合、癌、ダウン症候群といったものを何が引き起こすのかは、科学者に決めてもらうことができる。社会科学者は、何がインフレや社会不安を引き起こすのかを明らかにすることができる。そしてまた、因果性の関わるより日常的で身近な事柄については、たとえば郵便が来るといつも犬が吠えるというように、私たちは持ち合わせの経験的な証拠によって自分で判断することができる。

哲学の方法は、これとは少し違う。哲学の方法とは何かをきちんと述べることは、それほど簡単な仕事ではない。というのも、哲学の本性はそれ自体、哲学的な論争の主題の一つだからである。しかし伝統的には、哲学的な真理は主に経験に訴えることによって決着のつくものではなく、哲学はその意味で非経験的なものだと考えられている。たとえば、善とは最大多数の最大幸福をもたらすもののことだ、という倫理学の哲学理論を考えてみるとよい。この倫理理論は功利主義と呼ばれるものであるが、注意すべき点は、善は何に存するかについてのこの理論が正しいかどうかを判断するにあたって、感覚に与えられる証拠は役に立ちそうにないことである。

では、そのような問いにはどうやって判断を下すのであろうか。伝統的な解答によると、哲学的な問いを探究し、決着をつけるには、理性をはたらかせるのである。私たちは、よさそうだと思う理論を取り上げ、それを仮想的な状況にあてはめてテストし、それがその状況でも直観的に納得がいくかどうかを検討する。もちろん、世界をそれなりに経験しないと、基本的な概念を獲得することができず、ものごとについて何も語ることができるようにならない。しかし、それがいったん獲得されてしまえば、私たちはものごとについてかなり抽象的な仕方で思考することができるものと思われる。私たちは考えることだけを通じて、知識は正当化された真なる信念に存するとか、富の平等な配分は不平等な配分よりも道徳的に擁護可能であるといった判断を下すことができるだろう。

私たちがこの本で採用するのも、この種のアプローチである。つまり、思考を用いて問題を考え抜こうとするのである。たとえば、原因は常に結果よりも前に起こらなければならないかという問題がある。そうだと想定したら、何か不整合が出てくるであろうか。あるいは、そうではないと想定したら、どうであろうか。そして結局、何が因果性の信じるに足る説明の中核をなすことになるのだろうか。私たちはまた、これらの課題に関して、哲学が優先するという前提に立つことにする。これは、根本的な哲学的立場が先にあって、その後にその応用をめぐる経験的な探究がなされるのでなければならないという意味である。簡単に言うと、因果性を具体的に探すことに手をつけられるようになる前に、因果性とは何かを知っていなければならないという意味である。少なくとも、それについて何らかの理解を得ている必要がある。

ここで説明のための例として、因果性の関わるもう一つの話を考えてみよう。ある薬の治験をある患者のグループに対して行うと、その五〇パーセントがその後に死亡するとしよう。このような結果はとんでもないものに思われるから、その薬は有害だという結論を下す人がいるだろう。だが、この薬はそれを飲んだ人の半数を死なせると直ちに言ってよいのだろうか。

この例についてまず指摘すべきことは、それは因果的な主張がどれほど広範囲に見られるかを示していることである。その薬でもよいし他の何でもよいが、それが人を死なせると言うならば、それは因果的な主張をすることになる。つまり実質的に、それが死を引き起こすと言っていることになる。同様に、石が窓を割る、ジェーンがジョンを怒らせる、騒音が赤ん坊を起こす、機械が穴を開けるなどの場合にも、因果的な主張がなされている。割る、怒らせる、起こす、開けるなどはどれも因果的な動詞で、因果性に関する具体的な主張をするために用いられるのである。それらはみな、あるものごとが他のものごとを生じさせることに関わるように思われる。そして私たちが論じたいのは、それがまさに何に存するかである。すると、これは哲学的な課題ではあるが、あらゆる経験的な学問の関心対象となるものであることがわかるだろう。なぜならば、経験的な学問は通常、因果的な主張に満ちているからである。

次に、この薬の事例では、先ほど与えられた情報だけに基づいてなされるいかなる因果的な主張にも、その妥当性を疑う余地がある。患者が薬を飲んだ後に死んだというだけでは、薬が死の原因だったことの確実な目安にはならない。その薬を飲んだ人は全員、実はある病気にかかっていて、その病気の同じ時間内での予想死亡率が八〇パーセントだったとしたらどうであろうか。この情報は、この事例に対する別の見方を与えることになる。その薬を飲んだ人の多くが死んだとはいえ、薬はまったく無害だったのかもしれない。もしかしたら、その病気にかかっている人の死を数多く防いだり、余命を長くしたりしたのかもしれない。また、仮にそのような話ではなかったとしても、死の説明にはさらに簡単なものさえありえよう。薬を飲んだ直後に、薬の治験が行われた地域が激しい地震に襲われたとしたらどうであろうか。その場合には、死には薬の作用よりもはるかに納得しやすい説明があるだろう。

では、ここからどのような哲学的結論を引き出せばよいのだろうか。直ちに得られると思われる教訓は、因果性は、一つのものごとに続いて別のものごとが起こるだけでは足りないということである。人が薬を飲んでから死んだり、ネズミにふれてから死んだりしたとしても、薬やネズミがその人の死を引き起こしたと言うには、さらなる何かが必要である。このさらなる何か、すなわち因果的な結びつきこそが、この本でこれから探究することである。

原因はとらえにくい

この議論の背景には重要な論点が潜んでおり、今からそれを明確にする必要がある。デイヴィド・ヒューム(一七一一—七六)が広めた考え方には、今日もそれに魅せられる賛同者がいるが、それによると、因果性にはどこかとらえにくいところがあり、そのせいでそれは知ることが格別に困難な事柄である。この主張には異論を唱える余地があるが、まずはそれを理解するよう努めなければならない。『人間本性論』という一七三九年の本(第一巻第三部第六節)で、ヒュームは、私たちが自然界で観察できるのは一連の出来事だけだと論じた。あるものごとが生じ、次いで他のものごとが生じ、次いでさらに別のものごとが、という具合である。問題は、これらの出来事のいずれかが因果的に結びついているかどうかを考えようとしたとき、その想定される因果的な結びつき自体は経験の一部分ではないことである。たとえばマッチを擦ると、ほぼ直後にそのマッチに火がつく。しかし、マッチを擦ったことがそれに火がつくことを引き起こした、ということは見ることができない。少なくとも、ヒュームの見解ではそうなのである。

もし、因果的な主張をすることが、二つの出来事をロープのようにつないでいる因果的な結びつきを見ることに尽きるのだったなら、話はよほど簡単だっただろう。だが私たちが見るのは、マッチを擦ることとそれに火がつくことという二つの出来事だけである。因果的な結びつき自体は、観察不可能だと思われる。それは隠れていて、その存在はその状況の他の諸要因から推測するほかない。

私たちがしばしば因果的な結びつきを突き止めるのに苦労するのは、このためである。何が何を引き起こすのかを発見することは、多くの場合たいへんな科学的努力を要し、因果性が明確に見いだされたと思った場合ですら、それが正しい保証はない。たとえば先のネズミの事例であれば、その状況のより広い文脈を見て、何か別のものが病気の流行を引き起こしえたかどうかを検討することが課題となる。本当の原因がまだ発見されていない可能性は常に残るのである。

バートランド・ラッセルの力技

私たちは因果性をまともに直視することはない。この理由で、そもそもそれが存在することを否定する人すらいる。この見解には弱い定式化と強い定式化がある。弱い方は、いわゆる還元主義的な戦略にあたり、私たちがふつう因果性だと思っているものは、実は単に何か別のものであって、たいして不思議なものでもなければとらえにくいものでもないという主張となる。こうした議論の進め方は、哲学ではよくある。つまり、ある厄介な現象を、それほど厄介ではないと言えそうな別のものによって説明するのである。還元主義者は因果性が存在することを否定するわけではない。だが因果性が、他のもっとありふれた要素とは別の、それ以上のものとして世界に存在することを否定する。私たちはこのあとのいくつかの章で、さまざまな還元主義的な説明を検討する予定である。

他方、強い方の戦略は、消去主義と呼ぶことができる。その考え方は、ある存在者のカテゴリーを考察対象から完全に消し去るべき何らかの理由を見いだそうというものである。ここでの話題にあてはめると、それは、因果性はまったく存在しないという主張となる。還元主義者は、私たちが因果性だと思っていたものは実は何か別のものだったのであり、それは世界の要素であることがもっと自明な何かだ、と言う。これに対して消去主義者は、因果性は端的に存在しないと言う。私たちは原因という概念が必要だと思っているが、実在の側にそれに対応するものは何もないのである。

このような消去主義の一例として、バートランド・ラッセルの一九一三年の著名な論文、「原因という概念について」を挙げることができる。ラッセル(一八七二―一九七〇)は、私たちは確かに世界を因果的な用語で概念化するが、もしそうする代わりに物理学がものごとを理解する仕方に道を譲るならば、因果性の占める場所などどこにもないことがわかるだろうと指摘する。

ラッセルは、哲学者がつくり出した因果性の概念は、非対称性を含むことに着目した。たとえば、ある原因がある結果を産み出すとき、それは非対称的にそうするのである。これは、その場合、その結果がその原因を産み出すことはありえないということを意味する。因果性は向きを持つのである。それゆえ、石を投げることが窓が割れることを引き起こしたのならば、窓が割れることが石が投げられることを引き起こしたということはない。これは私たちにはいかにも当然のことに思われるが、ラッセルは、常識そして哲学すら、科学とりわけ物理学の専門的知識には道を譲る覚悟がなければならないと考えた。

ラッセルは、科学には非対称的な因果関係がまったく出てこないことに注目した。代わりに、物理学には $E=mc^2$ とか $F=Gm_1m_2/d^2$ といった等式がたくさん出てくる。そして等式は、左から右に読んでもよいし右から左に読んでもよい。言い換えると、因果性が向きを持つことは、実は世界の持つ特徴ではないのである。というのも、科学的に定式化すると、それは逆向きに流れることもまったく同じだけ容易にありうるからである。つまり原理的には、窓が割れることが、石がそこに向けて投げられることを引き起こしていけない理由はない。物理学の数学的な観点からすれば、そこに特に問題はない。したがって、世界を因果的に概念化することは、無知で前科学的なやり方である。ある有名な箇所で、ラッセルは次のように言う。「私の考えでは、因果の法則は、哲学者のあいだでありがたがられている他の多くの事柄と同様、過去の時代の遺物であり、君主制と同じく、誤って無害だと思われているために生き残っているだけである。」

ラッセルの見解は、哲学ではまだいくらかの信奉者がいるものの、支配的にはならなかった。これはなぜだろうか。私たちは今も因果的な概念を常に用いているし、物理学自体も非対称的な関係を完全に放棄することはなかった。まず、等号「＝」の読み方にも多義性がないわけでない点を指摘することができる。私たちはそれが算術で同値関係をあらわすことをよく知っているが、それは少なくとも多少の方向性を許容するもののように思われる。たとえば２＋２＝４だというのは、両辺が等しい合計値だということである。しかし4＝2＋2であることは、そこまで自明なわけではない。というのも4は、1＋3の合計値にもなりうるからである。何が言いたいかというと、2＋2は一つの合計値としか等しくなりえない。つまり4である。それに対して4は、(2と2、1と3、10とマイナス6など)いくつかの組み合わせの合計値となりうる。この意味で、ここには少なくとも若干の非対称性がある。

この考察は物理学の等式にも向けることができる。なぜならば、物理学の等式も、等しい大きさをあらわすものだからである。ある特定のmとcの値から、$E=mc^2$によって導くことのできるEの値は一つしかない。しかし任意のEの値に対して、それと同値になりうるmとcの値は無数にある。このように、ここにはまだ若干、説明を要する非対称性がある。したがって、等式が自動的に非対称性を排除するということは明らかではない。

第二に、ラッセルの説は、一九一三年の時点の物理学に関する彼の理解に基づいていた。その後、物理学者によって、非対称性を物理学の理論に復活させようという試みが数多くなされてきた。そうした概念の一つは、エントロピーという熱力学上の不可逆的な性質である。物理学は、その成功によって私たちにたいへん多くのことをできるようにしてくれたとはいえ、やはり発展途上の科学である。ラッセルが考えたように、因果性を否定する方向で決着がついたとみなすことはできない。あらゆるものに関する最終的な物理学の理論はまだ手に入っていないし、永遠に手に入らないかもしれないからである。

物理学の改良と形而上学

このことから、ラッセルの見解に反対すべき第三の、そしておそらく最大の考慮事項に至る。物理学は世界の表象を与えてくれる。それはおおむね数学的な表象であり、そのことは有益である。数学的なモデルの中で得られた結果は、うまくいけば裏書きされ、説明や予測、技術に用いられる。しかし忘れてはならないのは、物理学は表象であり、それを世界そのものと取り違えてはならないことである。

そうだとすると、世界に関する根本的なデータ、つまり因果性の非対称性が、物理学の表象から除外されていると感じたならば、私たちには物理学の改良を求める資格があるのではないだろうか。世界は数字でもなければ等式でもない。それは一つの具体的な個物であり、その中に多くの物理的対象があって、それらのいくつかは他のものと因果的に関係しているように見える。物理学は、常識を考え直して改めることを私たちに要求することがあり、それは十分に正当なことでありうる。しかし、ある理論がモデルの中で数学的にうまくいくからといって、世界がまさにそのモデルのとおりだとか数学のとおりだということが直ちに帰結するわけでは決してない。そこにはまだ議論の余地がある。因果性を信じることは、哲学的な信念、あるいは形而上学的な信念ですらあるかもしれない。しかし場合によっては、私たちの形而上学的な立場を反映するように、物理学を改良することを求めてもかまわないであろう。

私たちが主張したいのは、ここではさらに議論が積み重ねられるべきだということである。ウィラード・ヴァン・オーマン・クワイン(一九〇八―二〇〇〇)は、私たちのさまざまな信念は網の目をなすように相互に結びついていると言った。それらの信念のどれもが、新たな証拠に照らして改訂される可能性があるが、しかしそのいくつかは網の目の中でより中心的な位置にある。たとえば、論理学は私たちの持つ他のあらゆる信念にとって中心的な役割を果たすので、論理学に関する信念は容易には放棄されないだろう。衝突が生じたときは常に、もっと周辺にある信念を先に犠牲にしようとするものである。*1

私たちは、因果性の信念は非常に中心的だと主張したい。因果性はあまりにも重大である。ものごとが起こることは、それが他のものごとと因果的に結びついているのでなければ、何ら真の重要性を持たないであろう。斬首されることでさえ、それが死や苦痛や不都合などといったことの原因になるという事実がなければ、気にするほどのことではなくなるだろう。法律家が損害に対して訴訟を起こすのは、危害が引き起こされたという前提に基づいている。薬品が発見するに値するのは、それが健康の原因となる可能性があるという前提に基づいている。そして、地球が太陽のまわりをまわることは、太陽が地球に重力の効果を及ぼすことによって定められている。因果性がなかったら、宇宙のあらゆるものごとは、きっとばらばらになってしまうであろう。ヒュームは因果性を「宇宙のセメント」と呼んだほどである(『人間本性論』要約」、一七四〇年)。

さて、もし私たちの信念の網の目から因果性を切り捨てるとしたら、それとともに、他のあまりにも多くのものが失われてしまうだろう。世界と、それについてこれまで信じられてきたほとんどすべてのことについて、一から概念化をやり直す必要が生じるだろう。それが不可能だとか、考えられないと言うわけではない。だが、そうすることを要求したければ、途方もなく強力な根拠が必要だとは言えよう。すでに見たように、物理学の理論は、暫定的で解釈の余地を残すものにとどまる。だとすると、ラッセルの考えとは違って、私たちはまだ、因果性を放棄すべきだという地点には到達していないと主張してよいであろう。

したがって私たちは、因果性は世界の実在的な特徴だという考えに即して進むことにしよう。因果性はきわめて重要で中心的な要素だから、もしそれがなかったら、ものごとはまったく違ったありさまになるだろう。宇宙のセメントが失われることになってしまうだろう。この論点を、私たちはしっかりと堅持することにしたい。マッチを擦れば、それに火がつくことが期待される。この期待は裏切られることもあるものの、世界は少なくともある程度、予測可能である。風が吹けば、マッチには火がつかないかもしれない。だが少なくとも、マッチが蒸発したりカエルに変身したりすることはありえないことを私たちは知っている。そして、世界がこのように比較的、秩序を持ち予測可能であることは、因果的な結びつきに依拠しているものと考えられる。こうして私たちは、因果性が正当な研究対象であることを明らかにしたので、これから先は、その特徴とみなされてきたもののいくつかを検討することへと進もう。そしてその途上で、いくつかの主要な理論が登場する。

＊1　この段落で述べられたクワインの見解に関心のある読者は、『論理的観点から』（飯田隆訳、勁草書房）に収められた著名な論文「経験主義のふたつのドグマ」などを参照されたい。

第2章 規則性

結びつきのない因果性はあるか

世界には多くの規則性がある。規則性とは、ある種のものごとが別の種のものごとと関連していたり、一方に続いて他方が起こったりすることである。たとえば水を熱すると、それに続いて規則的に、それが水蒸気に変わることが起こる。このような例には事欠かない。氷を熱することに続いて、それが溶けることが起こる。人が野菜を食べることに続いて、彼らが健康になることが起こり、人が食べ物を食べないでいることに続いて、彼らがやせ細って病気になることが起こる。窓に向けて石を投げることに続いて、その窓が割れることが起こる。さらに、拍手をすることは特定の種類の音を伴う、支えのない物体は地面に落下する、などである。これらの事例は多様なものであることがわかるだろう。他方、それらすべてには共通点もある。すなわち、出来事や行為、状態のタイプが二つずつ組になって生じるように思われ、たとえば拍手といった第一のタイプのものがあると、特定の種類の音といった第二のタイプのものがある。

出来事のタイプのあいだに、こうした規則的な関連性が見られるのはなぜであろうか。それらはなぜ、二つずつ組になるのだろうか。これにはきわめて自明で自然な答えがある。つまり、第一のタイプの出来事が第二のタイプのものの原因だからである。たとえば、氷を熱することはそれが溶けることを引き起こす。それゆえ、熱することに続いて溶けることが起こったのは偶然ではない。熱することは溶けることを生じさせたのである。しかし、こうしたことは十分な根拠があって言えるのだろうか。因果性は規則性を説明してくれるのであろうか。

ヒュームは、因果性に関する根本的に新しい見方を与えてくれた。そして多くの人が、彼の考えに説得力を感じてきた。彼の斬新さは、因果性と相関性の問題を逆さまにした点である。ヒュームの考えでは、因果性が相関性を説明すると言うことはできない。逆に、相関性が因果性を説明するのである。私たちは、ある種のものごとが他の種のものごとに続いて規則的に起こるのは、それらが因果的に結びついているからだと言ってはならない。むしろ、あるものごとが別のものごとを引き起こすと私たちが考えるのは、一方が他方に続いて規則的に起こるからにすぎないのである。

ヒュームとビリヤードの勝負をする

ヒュームはどうやって、このように常識に逆らうことができたのであろうか。彼は何を考えていたのだろうか。彼は経験主義の偉大な哲学者の一人であり、経験主義者たちは、感覚に与えられた証拠に立ち戻ることが重要だという考えを持っていた。とりわけヒュームは、私たちの観念や概念が何についてのものであるかを理解するには、それらの源になったもともとの経験を参照するべきだと考えた。ところが、常識のもたらす先入観をいったん退けると、経験の中に見えるのは、あるものごとが別のものごとに続いて起こることだけである。あるものごとが別のものごとと結びついているとか、一方が他方を強制するとか、産出するとか、生じさせるといったことは決して見ることができない。

ヒュームは、因果性の「完璧な事例」を、ビリヤード台の上に見いだすことができると言った。一つの球がもう一つの球に向かって動いていく。球が当たる。すると、それまで静止状態にあった第二の球が、離れて動いていく。私たちは、第一の球が接触を通じて、第二の球が動くことを引き起こしたと確信するにちがいない。だが、なぜそう信じるのだろうか。感覚からどのような証拠を得たというのだろうか。その信念は何に存するのだろうか。

ヒュームは、私たちが見るのは、さまざまな出来事が順番に続いて起こることだけだと主張する。プレーヤーが球を突くのを見ていると、台の上でいくつかの出来事が一定の順序で起こるのが見られる。それらを簡単にa、b、c、dなどと呼ぶことにしよう。具体的には、キューが引き寄せられてから前に押し出され、白い手球に当たる。手球は台上を転がり、赤い的球に当たる。球が当たるときに音がする。赤球は離れていく。手球は方向が変わり、速度が落ちる。話はこのようにまだまだ続く。

このような一連の出来事を記述する際には、因果的な言葉が用いられることがよくある。たとえば、球が当たるときに音を「出す」という言い方をするかもしれない。この言い方は、球が当たることによって音が産み出されたことを示唆する。だが、この事例の先ほどの記述では、経験から知ることができるのは一連の出来事だけである。直接経験される証拠の中には、球が当たることを音と結びつけるものは何もない。

では私たちはなぜ、知っているのは一連の出来事だけであるにもかかわらず、ある種の出来事が別の種の出来事を引き起こしたと考えずにいられないのであろうか。ヒュームはその答えを手にしている。すなわち、単に一つの球が他の球に当たって第二の球が離れていったというような、たった一回の事例の観察だけからは、一つのものごとが他のものごとを引き起こしたと知ることはできない。しかしもちろん、私たちは経験の中で、このような例を一度だけでなく、何度もたびたび見てきたのである。ビリヤードやスヌーカーの試合を何度も見て、しかもそのそれぞれの試合に、球を突くことや手球と的球の似たような衝突が何度も含まれている。そして私たちが知るに至ったのは、そのような事例のどの場合でも、一つの球が他の球にぶつかると、それまで静止していた第二の球が動き始めたということである。

ヒュームの理論によると、私たちが因果性というものの観念を手に入れることができるのは、規則性の観察を通じてでしかありえない。鍵となるのは反復である。あるタイプの出来事に続いて、常にある別のタイプのものが起こる。私たちはこのことを通じて、第一のタイプの出来事が第二のタイプのものを引き起こしたと信じるようになるのである。

ヒュームのモザイク

因果的産出とは、あるタイプのものごとに続いて別のタイプのものごとが規則的な順番で起こるという意味でしかありえない、とヒュームは考えるのかもしれない。そうでも考えないかぎり、ヒュームの説には因果的産出という観念を許容する余地がない。すでに考察したように、因果性の問題とは、原因を結果につなぐ結びつきを観察することができないという問題である。すると、ヒュームの経験主義的な観点に立つと、私たちには因果的な結びつきが存在すると信じる理由すらないことになる。なぜならば、それに対応する感覚印象がないからである。したがって私たちが手にしているのは、実在性のある結びつきというものを含まない原因の概念である。ヒュームはこのことをはっきり認めて次のように言っている。「すべての出来事は、完全にばらばらで別々のものだと思われる。一つの出来事が他の出来事に続いて起こるが、それらのあいだにはいかなるつながりも決して観察できない。それらは連接しているが、まったく結びついていないものと思われる」(『人間知性研究』第七節、第二部)。

ヒュームの流れをくむデイヴィド・ルイス(一九四一―二〇〇一)は、ヒュームの考えを次のように理解することを提案した。世界は、互いに結びつきのない諸事実からできた巨大なモザイクのようなもので、そこには小さなかけらがただひたすら並んでいるだけである。しかしそのモザイクをよく見ると、そこに一定のパターンを認めることができるかもしれない。何かが、そこにパターンがあるようにしたわけではない。モザイクのタイルは、バケツに入れられ、よく振ってから、床にまき散らされただけとみなしてよい。だが、それぞれのタイルがそれぞれの場所に落ちたのはまったくの偶然のせいにすぎないとしても、そこに認識可能なパターンが存在することはやはりありうる。事実として、たとえば青のモザイクのタイルがあると常に、隣に赤のものがあるようになっているかもしれない。

何かがそうさせているわけではなく、そこには強制もなければ必然化もない。それはモザイクに関する端的な事実なのである。

モザイクの話は比喩にすぎないが、それは役に立つ。ヒューム主義者によると、世界はさまざまなタイプのタイルの代わりに、さまざまなタイプの出来事から成っている。そして因果性に関する私たちの信念は、自然界にあるそのようなパターンをただ発見することによって定まる。またこの比喩は、因果性が非対称性を示すように思われることなど、因果性に関するいくつかの特徴に光を当てることもできるかもしれない。因果性の非対称性とは、AとBが何であれ、AはBを引き起こすが、BはAを引き起こさないという意味である。たとえば、マッチを擦ることがそれに火がつくことを引き起こすのであり、その逆ではない。ヒューム主義者にとって、これは単に、Aに続いて常にBが起こるが、Bに続いて常にAが起こることはないという意味である。モザイクの比喩が示すように、そういうことは十分にありうる。青いタイルがあるとその隣に常に赤いタイルがあると言ったとしても、赤いタイルがあるとその隣に常に青いタイルがあることはそこから論理的には帰結しない。赤いタイルが、青以外の色のタイルに囲まれて孤立して存在することはあってよい。青いタイルには常に赤いタイルが伴うと言っただけだからである。

私たちは、ヒュームからの引用で、あるのは連接性だけで結びつきはまったくないと彼が言ったことを見た。ヒュームの見解はよく、恒常的連接性説と呼ばれる。AがBを引き起こすとは、AとBのあいだに恒常的連接性(および次の章で検討される他のいくつかの条件)が成り立つことにほかならない。さて、恒常的連接性はたいへん単純な考え方のように思われる。それは単純すぎるのではないだろうか。しかしヒューム主義者は、どれほど洗練された事例や手の込んだ事例を考えようと、そこに因果性があるという想定は結局、原因と結果のあいだに恒常的連接性があることに帰着すると主張するのである。

斬首が死を引き起こすことは自明だと思われる。だが、ヒューム主義者にとってこのことは、すべての斬首に続いてその人の死が起こったということ以上の何も意味しない。ここで、これが単なる恒常的連接性にすぎないわけはないと言いたくなる人がいるだろう。つまり、斬首に続いてなぜ死が起こるかには、確固とした理由があるではないかと反論するであろう。というのも、脳は脊髄の神経のメカニズムを通じて身体の多くの機能をつかさどっており、これが損傷すると、その有機体はもはや機能することができなくなるのである。しかしこの観点に対しては、ヒューム主義者にも答えがある。確かに私たちはよく、恒常的連接性や規則性にはそれをもたらす何らかのメカニズムがあると信じているが、このメカニズムのはたらきはそれ自体、さらなる規則性によってしか説明できない。つまり、脊髄がひとたび損傷すると身体のいくつかの機能が停止するということも、規則性以上のものではない。したがってメカニズムの存在は、因果性は規則性にすぎないというヒュームの考えが誤りであったことを示すものではない。これらのメカニズムの「はたらき」も同じことであって、単により多くの規則性があるだけである。

もう一つ、たいへんありふれた例として、家の配管に関わるものを取り上げよう。トイレの水洗レバーを引くと常に、タンクから便器に水が流れ落ちる。ここには恒常的連接性がある。それはただの偶然とは思えない。これには説明があって、タンクの中を見ればそれを見いだすことができる。レバーを引き下げることは洗浄弁を押し上げ、それによって水が全量、パイプを通って便器に至る。しかしヒュームによれば(もっとも彼が実際に水洗トイレについて書いたことは決してないが)、私たちが見いだしたのは、弁が開くことと水の移動とのあいだのさらなる恒常的連接性だけである。きっとこの恒常的連接性にも、真空や重力を介したさらなる説明があるだろうが、どのみちそれらの説明も、究極的には恒常的連接性以外のものに依拠することはできない。水が真空の場所を満たすとか、水が下方へ流れるということも、またしても規則性なのである。

ヒューム主義者がするであろう主張によると、因果性の関わる事例でどれほど詳細で洗練されたものを取り上げても、それは必ず規則性へと帰着するはずである。そしてこの主張は、究極的で基本的な自然法則の考察を通じてさらに強められるように思われる。基本的とは、ここでは単にそれ以上の説明がないという意味として理解してよい。たとえば重力の法則を考えてみると、仮にもしこの法則が本当に基本的だとするならば、それについて言えることは、これまで地球の表面近くで放たれたあらゆる物体は地球の方に落ちたということだけである。一般化すると、物体は重力の法則に記述されたとおりの力で(つまり、質量と距離の関数として決まる力で)互いの方向に運動するということである。数学的には難しそうに見えるかもしれないが、自然法則とは、世界の中に成り立っている規則性をまとめたり体系化したりしたものにすぎないというのが基本的な考え方である。

ヒューム主義者の頭痛

ヒュームの説は、何が何を引き起こすかについて、私たちが現時点で持っている信念の説明としては説得力があると思われるかもしれない。私たちが、頭痛のする人がパラセタモールという薬を飲んで少しすると具合がよくなる例を数多く見てきたとしたら、そのことから、その規則性に基づいて、パラセタモールは頭痛を治すと考えるようになることはありえよう。

だがヒューム主義者は、自分が頭痛になったらどうすればよいのだろうか。その薬を飲むべきであろうか。ヒュームは、人間とは一定の仕方で思考をするものだということは認めている。心は思考の習慣を形成するものであり、他の人が(そして自分自身が前のときに)薬を飲んで具合がよくなったのを見てきた以上、こんど自分が頭痛になったときにもやはり薬を飲むべきだというのは、たいへん自然なことである。しかしヒュームの哲学では、そうしようと決めることには何の合理的な根拠もない。人間にとって、未来は過去と似たようになるだろうという期待を抱くのは自然なことであり、そういうわけで、ヒュームの主著は『人間本性論』と呼ばれている。*1 だが、思考に見られるこの自然な推論には、何の合理的な正当化もない。

したがってヒューム主義者は、次のように言わなければならない。すなわち、そうすれば頭痛が治まるだろうという期待のもとに薬を飲みはするが、パラセタモールと痛みの緩和のあいだに結びつきが実在すると信じているわけではないので、それは合理的な行為ではないのである。

問題は、規則性の経験は、これまで規則的だったものごとの経験でしかありえないという点である。これまで観察した事例ではAに続いてBが起こったとしても、Aに関する何かがBが起こることをもたらしたのではなく、単にそうなったという事実があるだけだとしたら、未来のAにも続いてBが起こるだろうと言うことに合理的な正当化はない。

これをもっと哲学的に表現すると、因果性についてのヒュームの説は、帰納法に関する懐疑という問題を招く。帰納法とは推論の形式の一つで、私たちが過去の観察された事例から未来のまだ観察されていない事例について推論をする際には、この形式を用いるものと考えられている。たとえば、マッチを擦ると火がつくのを見たことから、未来に擦ったマッチにも火がつくだろうと推測する。しかし規則性説は、なぜ未来にもそうなるはずなのかの説明を与えることはない。それゆえ、帰納的推論にはまったく根拠がないことになると思われる。ヒュームはこの帰結をありがたくないと思ったが、それを避けることはできないと考えた。

いつでも、どこでも

先に言及したデイヴィド・ルイスなど、ヒューム主義の現代の擁護者たちは、ヒュームのモザイクを少し違った仕方で見る。彼らによると、それは実在を私たちがどの時点に視点を置いて見るかにのみ関わるのではなく、むしろ実在の形而上学的な総体に関わる。彼らのような現代の形而上学者が規則性について語るとき、その念頭にあるのは、世界の始まりから終わりまでの全時間における、あらゆる出来事の中に見いだされる規則性である。

ヒュームのモザイクをもう一度考えてみよう。ルイス主義者は私たちに、このモザイクを、あらゆる場所、あらゆる時間に起こるすべての出来事を示すモザイクとして考えるように促すだろう。ビッグバンが世界の始まりの出来事で、ビッグクランチが世界の終わりの出来事だとすると、真正の規則性とみなされるのは、その歴史の始まりから終わりまでの全体を通じて恒常的連接性を示すような規則性である。私たちは人間として、歴史の中に位置づけられているため、本当は規則性でないものが規則性のように見えてしまう不運に見舞われることがあるかもしれない。世界の歴史の中で、今年まではAに続いて常にBが起こったため、私たちはAがBを引き起こすと思ってしまったが、来年からはAに続いてBが起こることはあまりないということはありうる。

このような勘違いを生じさせたとしたら、世界は私たちに不親切だったことになるだろう。だが原因が真正の場合には、未来の事例は常に過去の事例と似たものになる。あらゆる場合に真正の恒常的連接性を伴うのが、真正の原因である。すると帰納法の問題は、私たちの持つ知識にのみ、そして世界に対する私たちの視点が限定されたものであることにのみ、関わるにすぎないことになる。それは、この全時間型ヒューム主義をとるならば、因果性自体の問題ではないのである。

しかしこのことは、規則性理論のさらなる困難に注意を向けることになるだけかもしれない。この見解によると、ある出来事が別の出来事を引き起こすかどうかは、その二つの出来事とそれらがどう関係するかだけに関わる問題ではない。一方が他方の原因であるかどうかは、他の場所や他の時間に生じることにも依存することになる。全時間的ヒューム説では、そのことは、第一の出来事に続いて第二の出来事が起こるあらゆる同様の事例に依存する。したがって因果性は、並外れて関係的な事柄となるのである。

私たちは、ビリヤードの一つの球がもう一つの球に衝突する場合、まさにその手球とまさにその衝突をすることが、その的球が離れて動いていくことを生じさせるのだと考えるだろう。隣のビリヤード台で何が生じようと、それが何の関係があるだろうか。そちらで生じる出来事が、こちらのビリヤード台で生じることに、どうやって影響を及ぼしうるのだろうか。しかしヒューム主義によれば、この白球が、赤球が動くことを引き起こしたかどうかは、世界の全歴史の中で生じる他のあらゆる球の衝突に依存する。そこにはおそらく、これから千年後に起こるものも含まれる。つまり一般的に言うと、他の多くの出来事との関係性によってのみ、AはBを引き起こす。そのようなことは本当だろうか。

しばしばなされる区別として、因果性に関するこのような関係的な種類の見解と、単称的な説とのあいだの区別がある。単称主義者が見いだそうとしているのは、木曜日の正午にジョンが拍手をしたことが特有の音を引き起こしたというような、日時のついた個別の出来事のあいだの因果的な結びつきである。単称主義者の考えでは、一方が他方を引き起こしたかどうかを知りたいだけなら、それら二つの出来事以外のことは一切無視してかまわない。

ヒューム主義者は対照的に、あるものごとが他のものごとを引き起こすのは、その二者が続いて生じたことが、それを包摂する何らかの法則の事例となる場合に限られるという主張を実質的にしている。これは彼らの理論の不可欠の要素である。たとえば、ジェーンがこの一切れのパンを食べることが、彼女に栄養がつくことを引き起こすということが事実であるためには、食べ物は栄養をつけるという(あるいはむしろ、食べ物を摂取すると常に、それに続いて栄養がつくことが起こるという)一般的な因果法則がなければならない。そしてこの考え方にも利点がないことはない。行き当たりばったりに、任意のものごとが任意の他のものごとを勝手に引き起こしてよいわけはない。何に続いて何が起こるかに規則的なパターンがなかったならば、因果性を信じる理由など、確かにほとんどなくなってしまうだろう。

まぐれも生じることがある

しかし、恒常的連接性説にはさらに別の弱点もあると批判者たちは主張してきた。その理論には、原因を、偶然の符合から区別する方法がないというのである。つまり、真正の因果的な規則性と、単にまぐれで生じた規則性とのあいだに、区別ができなくなってしまうというのだが、それは本当だろうか。

私たちは、偶然の符合を因果性の事例から区別するものである。縁起のよいネクタイをしていると競馬の賭けに勝つというのは、そうした偶然の符合の一例であろう。ネクタイが競馬の結果に影響を与えることは、どう考えてもありえまい。しかし、そのネクタイをして賭けをすると次の機会にもまた同じ結果が起こり、さらにその次もそうなったとしたら、どうであろう。

ヒューム主義者は、原因と偶然の符合の区別について、何と言うであろうか。彼らがするはずなのは、出来事のパターンをより広い範囲で見て、その中で第一のタイプの出来事が第二のタイプの出来事と恒常的に連接しているかどうかを見ることであろう。そしてこの際、何が偶然の符合であるかについて、あらかじめ勝手に想定をすることは許されない。ヒューム主義においては、出来事のどのような二つのタイプも恒常的に連接していることがありうる(また、出来事のどのような二つのタイプも恒常的に連接していないことがありうる)。言い換えれば、この見解によると、因果性は完全に偶然的な関係なのである。任意の異なる二つのタイプの出来事に関して、それらが因果的に関係しているとしてもそこに矛盾はないし、因果的に関係していないとしても矛盾はない。

しかしそうすると問題が出てくる。ある人が縁起のよいネクタイをすると競馬に勝つということがあるとしたら、それは単なる偶然の符合だと考えるのが自然である。しかしその人が、そのネクタイをするたびにいつも勝ったとしたらどうであろうか。ヒューム主義者は、自らの理論と整合的であろうとするならば、因果性は規則性にのみ存するのだから、縁起のよいネクタイが賭けに勝つことをその都度引き起こしたのだと言わざるをえないだろう。

もしそれが純粋な偶然の符合にすぎないならば、一つのものごとが別のものごとに続いて何度も起こるようなことはありそうにないだろうと思うかもしれない。それはそうかもしれないが、ヒューム主義者はそのような主張をすることが実はできない。ヒュームは自らを窮地に追い込んだのであり、

Aに続いて常にBが起こるならば、AはBを引き起こしているのだと言わざるをえない。これは彼の理論の論理的な帰結なのである。他方、反ヒューム主義者は、それはどちらもありうることにしておいてよい。任意のAとBに関して、Aに続いてBが規則的に起こる事例全体のうち、いくつか、おそらくその大半は真正の因果性の事例であろうが、いくつかはまぐれであってよい。反ヒューム主義者は少なくとも、原因と偶然の符合を区別するための概念的な資源を持っている。他方、ヒューム主義者がそれを手にするのはそれほど容易でないように思われる。ヒューム主義は、もっと洗練された形式のものにならないかぎり、その区別をすることができないであろう。

どれくらい規則的なら規則的と言えるのか

原因と偶然の符合という問題を考えていくと、ヒューム的規則性説の一見パラドクシカルな帰結が明らかになる。それは、恒常的連接性がまぐれで成り立つことは、事例が少ないほど容易になるだろうということである。世界の歴史の中で、Aがたった五回しか起こらず、しかもその都度それに続いてBが起こるとすると、これは例外のない規則性であることになる。しかし事例がわずかしかないことを考えると、これは単なる偶然の符合で、それをヒューム主義者が原因と取り違えている可能性が大いにありそうに思われる。ヒューム主義者は、原因となるものの事例が少ないほど規則性は生じやすく、したがって因果性も成り立ちやすいということを認めざるをえない。これはパラドクシカルに思われる。なぜならば、私たちは通常、Aに続いてBが起こる事例が多いほど、AがBの原因である可能性は高いと考えるだろうからである。

この問題の極端な場合として、Aの事例が一回しかなかったらどうであろうか。たとえば、二つの出来事だけを含む宇宙があり、そこではドカンッがあって、次いでピカッがあったとしよう。するとここには、ドカンッがピカッを引き起こしたのかという問題がある。恒常的連接性説に従うならば、そうだと言わなければならないだろう。すべての事例(つまりこの一回の事例)で、ドカンッに続いて常にピカッが起こったのだからである。だが私たちはやはり、これはただの偶然の符合かもしれないと言ってよいのではないだろうか。

ヒュームに対して不当にならないように、彼にはこの種の反論に答えがあるということをつけ加えておくべきだろう。神が創造という一つの行為でもって宇宙の存在を引き起こしたことはありうるかを議論する中で、彼は、それを因果性とみなすことはできるわけがないと論じている。その理由は、それはたいへん特別な出来事で、明らかに一度しか起こっていないのだし、そして彼の力説するところによれば、私たちが原因の観念を形成するのは反復によってだからである。だからヒュームにしてみれば、神が宇宙を引き起こしたと信じるには、神がそれをするところを何度も見せてもらわなければならない。では正確なところ何回ならば十分か、ヒュームは語らないが、基本的な考え方としては、連接性の事例を見る回数が少ないよりもそれを見る回数が多い方が、そこに因果性が成り立っているという確信は強まるはずである。この点で、彼の判断は確かに常識とも合致していると言えるだろう。

これで、ヒューム的規則性説の基本はおさえたことになる。ただし、詳細はさらに詰めなければならない。これから見るように、あるものごとが別のものごとを引き起こすと言うには、規則性だけでは必ずしも十分でない。しかし規則性は、原因の概念の主要な要素ではある。また、科学の多くの分野で、私たちが探し求めているのは主に相関性だということも認めなければならない。ある薬を飲むとある病気からの回復率が上昇するということが治験で示されたなら、そこに何らかの因果性がはたらいていると考えるには十分でないだろうか。

科学の諸分野で研究をしている人たちは、相関性の背後に「実在の」因果性があるかどうかという問いを立てたがらないことがある。そのわけは、おそらく形而上学というものをいかがわしいと思っているからでもあろうが、それだけでなく、存在するのは相関関係だけだという考えもあるのかもしれない。私たちは、規則性を産み出す何ものかが背後に潜んでいるなどと思うべきではないのである。しかしこれから見ていくように、ここには議論すべき問題点が他にも多数ある。また、因果性の理論にも他にいくつかのものがあり、それらの方が魅力があるということになるかもしれない。

＊1 『人間本性論』の原題 *A Treatise of Human Nature* は、「人間が自然に備えている性質についての論文」という程度の意味である。

第3章　時間と空間

原因は結果よりも前に起こるか

ヒュームは、因果性の観念には相関性だけでなく、それ以上のものが含まれることに気づいていた。二つの現象が規則的に連接しているだけでは、原因の観念を与えるに十分ではあるまい。たとえば子どもが生まれるといつも、私たちはそれが卵子の受精に相関しており、通常はそれが性行為の後であることを知っている。しかし、子どもの誕生が性行為を引き起こしたわけではない。それでは話が逆さまである。

ヒュームの考えでは、ここにはあと二つの観念が関わっている。原因の概念には、恒常的連接性に加えて、時間的先行性と近接性の観念が含まれるとヒュームは考えた。時間的先行性とは、時間上、原因は結果に先立たなければならないという意味である。近接性とは、原因と結果は隣りあった場所になければならないという意味である。原因の観念が時間的先行性と近接性の二つを要するという考えは、直観的には説得力を持つ。しかしこれから見るように、これら二つの条件はどちらも異論の余地を残すだけでなく、それどころか一方が他方を阻害するという緊張関係にある。

因果性のヒューム説は、経験主義的な認識論という文脈に置かれたものであることを心に留めておく必要がある。彼が関心を抱いたのは、私たちの持つ原因の観念とはいかなるものであり、それはどこから来たのかである。彼の考えによると、ある観念が獲得される源となった感覚印象ないしそうした印象の連なりを示すことができないならば、その観念は正当ではなく、却下されるべきである。

このことは、私たちには自分自身の経験以外にも何か知りうるものがあるかなど、哲学解釈上のさまざまな問題につながっている。しかし因果性に関しては、形而上学的な問いとしても問うべき重要なものがいくつかあり、それらは私たちの持つ原因の概念についての問いに尽きるものではない。

先行性の話を先行させる

時間的先行性は何がそれほどよさそうなのだろうか。原因が先に生じて、結果はそのいくらか後に生じることは、経験が示しているように思われる。マッチを擦るのが先で、それから火がつく。薬を飲んで、それから頭痛が治まる。中傷がなされるのが先で、それから評判が落ちる。砂糖を紅茶に入れて、それから溶ける。リベットが緩み、それからかなり後に、建築物が倒壊する。このことから、規則性がある場合、原因を結果から区別するには、出来事の時間的な順序を用いればよいことがわかる。

たとえば、幸福な人は親切だという傾向があることを発見したとしよう。つまり、幸福と親切さのあいだには相関性がある。すると私たちは、これら二つの要因には因果的な結びつきがあると判断するかもしれないが、ではどちらが原因でどちらが結果なのだろうか。この問題を解くには、どちらが先に生じるかを調べるのが賢明な方法であろう。それらの人は、まず幸福で、それから親切になったのだろうか。それとも、まず親切で、それから幸福になったのだろうか。この方法で、この問いに最終的な決着がつくことはありそうにないが、それはよい目安にはなりうる。

次のような例で考えてもよいだろう。法律上の話として、あるメーカーが、従業員を適切な防護なしにある物質に暴露させたことにより、多数の従業員を病気にさせたと訴えられたとしよう。この会社がもし、各従業員はその会社に勤め始める前から同じ病気に同じ程度の重さで罹っていたと示すことができたなら、会社側のなしうる弁護としてこの上なく強力なものとなるのではないだろうか。結果だと主張されるものごとが、原因だと主張されるものごとよりも後に生じたのでないならば、そこに因果性があることは自動的に否定されるように思われる。

原因は結果に時間的に先行するということを認めると、そこから有益な考察が得られる。つまり、AがBを引き起こしたのならば、BがAを引き起こしたのではないという非対称性が、時間的先行性を認めることで説明できそうである。AがBを引き起こし、原因は結果に先行しなければならないのだとすると、AはBよりも前に生じたことが帰結する。すると次いでそこから、BがAよりも前に生じたことはありえず、したがってBはAの原因でありえないことが帰結する。

時間的先行性は、因果性に非対称性を付与することができる。恒常的連接性や近接性にはそれができない。近接性についてはまだ検討していないが、恒常的連接性がその役割を果たすことができないのは次の理由による。AがBと恒常的に連接していることは、BがAと恒常的に連接していることを含意はしないが、しかしそれを排除することもない。たとえば、幸福な人はみな親切で、しかも親切な人はみな幸福だということは可能である。専門的に言うと、恒常的連接性は、対称的ではない関係として分類されることになる(対称的な関係とは、Aがその関係をBに対して持つならば、Bも必ずその関係をAに対して持つような関係のことで、たとえばAはBと同じ背の高さだというのがそれにあたる)。

時間的先行性は、このように非対称的で、因果性の概念にとってきわめて重要なものと思われる。これによって、不可欠な要素が規則性に付加され、そこに方向性が生じるのである。では次に近接性の考察へと進もう。

原因を結果にマッチさせる

ヒュームの見解によると、AとBが恒常的に連接しており、AがBの前に起こるとしても、これだけではまだAがBの原因だと結論を下すに十分とは言えない。その理由は、AとBはさらに、互いに隣りあっていなければならない、つまり空間的に隣接していなければならないだろうというものである。ヒュームの言う近接性とはこの意味である。

再び平凡な例で考えてみよう。まず、マッチを擦ることとマッチに火がつくことのあいだには、規則性があると想定してよいだろう。そしてこれに加えて、マッチを擦ることがそれに火がつくことを引き起こしたと言えるためには、擦ることが火がつくことよりも前に起こったと言えなければならないことを見た。だが、次のような奇想天外な話はなぜありえないのだろうか。ノルウェーとイギリスとスペインで一本ずつ、同時に三本のマッチを擦るとしよう。それらにはどれも、すぐ後で火がつき、いずれに関しても、擦ることは火がつくことの前に起こった。しかしここでもし、ノルウェーでマッチを擦ることがスペインのマッチに火がつくことを引き起こし、スペインでマッチを擦ることがイギリスのマッチに火がつくことを引き起こし、イギリスのマッチを擦ることがノルウェーのマッチに火がつくことを引き起こしたのではないかと言う人がいたら、その意見はなぜ真面目に受け取らなくてよいのだろうか。

ヒュームはこれに答えることができる。私たちは、因果性が距離を隔てて成り立つことはないと考える。少なくとも、時間的な隔たりがない場合はそうである。マッチに火がつくことの原因は、それをざらつきのあるマッチ箱で擦ることだが、それは火がつくことと同じ場所でなされるのでなければならない。同様に、一つのビリヤード球が別の球が動くことを引き起こすには、前者が後者に当たらなければならない。つまり、動かされる方の球に可能なかぎり近い場所を占めなければならない。人がバクテリアによって病気になるには、バクテリアが人と接触しなければならない。人にふれずに人を絞め殺すことはできない。距離を隔てて食べ物から栄養をとることはできない。

次から次へ

ヒュームの近接性の原理には、何らかの反例が容易に見つかると考える人がいるだろう。遠隔作用というものが、少なくともいくつかはありそうである。ピーターが、通りの向こうの端にジェーンがいるのを見て、呼びかけたとしよう。彼女は振り向いて彼の方を見る。このときピーターは、距離を隔ててジェーンに影響を及ぼしたのである。イタリアで生じた地震が、ドイツで感じられることはありうる。一億五〇〇〇万キロメートル彼方の太陽の燃焼は、地球に住む者たちの顔を温めることができる。遠くの国の苦難について読むことは、読者が涙を流すことを引き起こしうる。ある一つの大陸で生じた農作物の飢饉が、世界の反対側で食物価格を押し上げることはありうる。これらはなぜ、遠隔作用の真正の例とならないのだろうか。

これらの事例のどれに関しても、次のように考えてよさそうである。すなわち、原因が結果にはたらきかけるのは中間的な原因と結果の連鎖を通じてであり、そしてその連鎖を構成する各結節点では近接した作用が生じている。たとえば、イタリアで生じた地震はある地域の陸地を揺らし、それが近接した地域の陸地を動かし、それがこんどは次に近接した地域を動かし、そのようにして最終的に振動がドイツに到達する。また、光線が太陽から宇宙空間を通って地球まで届くには、その途上のすべての中間的な地点を通過するのであり、いきなり一方から他方に達するのではない。同様に、遠くの国の苦難は、現地にいる誰かがそれを目撃してそのことについて書き、すると誰かがそれを出版して他の各地に送り届けることに決めたのである。それらいずれの事例でも、因果性は途中の各地点での結果を介してのみ、ある場所から離れた場所に到達したことがわかる。ピーターがジェーンに呼びかける場合でさえ、音、つまり空気中の振動は、ピーターとジェーンのあいだにある各地点をも乱していくのである。

この因果連鎖という考え方は重要である。原因が列をなして並び、次々と続いて起こっていくことによって、ずっと後の時点の離れた場所に結果を生じさせることができる。このことは、たくさんのドミノを縦向きに、ドミノ自体の長さ以下の間隔で並べて立てたらどうなるかを考えれば、たいへん容易に思い描くことができる。第一のドミノを第二のドミノの方に押し倒すと、順番に全部が倒れてゆく。これは簡単にできるし、見て楽しいものであるが、これが楽しいのは、ひとつながりの因果連鎖が完結に至るのを目にすることができるからであろう。第一のドミノを倒すことが、最後のドミノが倒れることを引き起こすのだが、それはいくらか後にいくらか離れた場所で生じる。私たちは、それが個々の因果作用の連なりによっていかにしてなされるのかを見ることができる。

連鎖は、因果的な説明の中でしばしば用いられる。ドミノの事例からわかるように、私たちは一つのものごとが別のものごとを生じさせたのを見ることができる。場合によっては、あるものごとに先立つ直近の原因が何であったかを発見することよりも、その発端となった原因を見いだすことの方が有意義である。第二次世界大戦を引き起こした直近のものごとは、チェンバレンの発した最後通牒が無視されたことである。しかしより重要なのは、チェンバレンがそのような最後通牒を発することを生じさせたのは何かであり、それはナチスによるドイツ隣国の侵略である。もちろん、そこに至った成り行きをさらに語ることもできる。歴史の教科書的な説明によると、フランツ＝フェルディナント大公がサラエヴォで暗殺され、第一次世界大戦の勃発に至った。この戦争の和議はヴェルサイユ条約をもたらしたが、それがドイツに対して過酷であったことから、国家社会主義の拡張主義運動の勃興を見た。このように、因果連鎖は何十年、何世紀、さらには何千年にもまたがり、広範な地域へと達することができる。しかしその個々の結節点は、やはり近接性と直近の時間的先行性を伴うであろう。

ふさわしい場所、ふさわしい時

私たちはこれまで、原因は結果に先立たなければならないという考えには、直観的に説得力があることを見てきた。だが他方、そこから生じる問題もある。原因は、それが影響を及ぼすものごとと同時に存在するのでなければ、いかにして何かに影響を及ぼすことができるのだろうか。人が風邪をひくには、ウィルスはその人と同時に存在し、その人に接触するのでなければならない。一つのビリヤード球がもう一つの球を押しやるには、それらは両方とも存在するのでなければならない。

ヒュームのビリヤード台についてもう少し考えてみよう。ヒュームは原因の結果に対する時間的先行性を擁護し、しかもビリヤード球の例を因果性の完璧な事例と呼んでいることを思い出そう。すると当然、この例はヒュームの時間的先行性の主張を裏づけるものになると思われるだろう。

しかし本当にそうなるだろうか。二つの球が衝突して、その一方が、他方が動くことを引き起こすとしたら、その因果性はいつ生じるのだろうか。ヒュームはこの例を次のように説明するだろう。まず、的球が動く前に、手球が台上を転がっていく。次に、手球が的球に当たる。そして最後に、衝突の地点から的球が離れて動いていく。ここで、手球が転がることを原因とみなし、的球が転がることを結果とみなすならば、この例は、原因は結果に先立つというヒュームの主張を裏づけるものに見えるだろう。しかしそのような理解の仕方は正しいであろうか。

手球が的球にふれるまでは、いかなる因果性も生じない。このことは、衝突に至る前の任意の地点で手球を手で止めることができ、そうしたら的球には何の影響も及ばなかったであろうことからわかる。球が当たるまで、的球にとっては何の因果性も生じていない。そしてこれは、ヒュームのもう一つの原理である近接性からわかることである。手球は的球に離れたところから影響を及ぼすことはできない。だから、衝突に先立って手球が転がっていったことは、実はあまり関係がなかったことになる。それは手球がどのようにして衝突の地点にたどり着いたかの話にすぎない。近接性の条件によれば、因果性は原因と結果の接触とともに生じる。そして接触が生じるのは、ある特定の一つの時点か、あるいは若干の幅のある時間においてである。このことから、原因が結果よりも前に起こることはありえないことが示唆される。したがって、時間的先行性と近接性という、因果性に対する二つの要請は、緊張関係にあるように思われる。

以上の議論で、原因は結果よりも前に起こらなければならないという直観に異論を唱えるには十分だと思われる。ところで同様の議論が、結果は原因よりも後に起こらなければならないという考えに対してもなされうることは言及に値する。的球がいったん離れ始めたら、それを手で止めてその動きを妨げることは可能だが、仮にそうしたとしても、的球が何かをすることを手球が引き起こさなかったことにはなるまい。むしろ、手球の作用による因果性は、二つの球が別れた時点ですでにすべて完了していると言えるだろう。的球がいったん離れたら、二つの球がいつか別の時点で再び衝突するまで、手球は的球に影響を及ぼすことができない。離れていった後で的球に生じることは、的球が動くことを手球が引き起こした後で的球に生じることの話にすぎないのである。

このことから、手球と的球のあいだで因果性が生じるのは、球が当たり、一方から他方に運動量が受け渡される時点であることが示唆される。両者がふれる前や別れた後では、近接性の要請との整合性から考えて、因果性は生じえない。

同時性

これまでの議論を通じて問題にしてきたのは、原因は結果に先立たなければならないというヒュームの主張である。ヒュームは、このことは原因という概念そのものの要素だと考えていたようである。では、もし彼が間違っているとしたら、代わりにどう考えればよいのだろうか。ビリヤードの事例から示唆される一つの選択肢は、原因と結果は同時的だというものである。そう考えると、ヒュームのもう一方の主張である近接性を保持することができそうである。

イマヌエル・カント(一七二四―一八〇四)は、ヒュームの次の時代の哲学者で、同時的因果性という発想を有望なものと考えた。彼の用いた例は、クッションの上に置かれた球というものである。球がそこにあると、クッションが凹むことを常に引き起こす。だが球をどけると、それを引き起こすことはなくなるだろう。球がクッションに作用するのは、その結果が起こるのとちょうど同じだけの時間の幅においてである。ビリヤード球の例もこれとそれほど大きく違うわけではない。球が当たるのは、一瞬のあいだだけではない。球は完全な剛体ではないため、若干の時間、当たった状態にある。その間、両者は相手の方に向かって少し歪み、それから飛び出していく。運動量が一方から他方へ受け渡されるのは、このときである。あるいはトランプの家を考えてもよい。二枚のトランプが互いに寄りかかり、互いを同時に支えあっている。一方をどけると、他方は倒れてしまう。

このモデルに則ってもう一つの事例を考えてみよう。砂糖が液体に入れられること(原因)が、それが溶けること(結果)よりも前に起こることは、一見したところ、時間的先行性の例になりそうなのであった。しかし私たちはビリヤード球の例に関して、手球が衝突の地点に向かって転がっていくことは実は原因ではなく、球がどのようにして衝突の地点までたどり着いたかの話にすぎないと言ったのであった。角砂糖に関しても同様で、それがたとえば人の手中にあったり紅茶のカップの方へ運ばれたりしているうちは、溶けることは起こっていない。砂糖が溶けることに関する因果性は、砂糖が紅茶に入れられて初めて生じるのである。人がそれをカップに入れたことは、それがどのようにしてそこにたどり着いたかの説明にすぎず、実は溶けることの原因ではない。因果性は、砂糖と紅茶が接触するのと同時に始まる。それは何らかの仕方で中断されないかぎり時間をかけて生じるプロセスであり、固体の砂糖と飽和状態になっていない液体が残っているあいだ、因果性はずっと生じていることになる。このプロセスには時間がかかるが、原因と結果はその間、そこに同時にあり続けるものと思われる。

さてもちろん、ヒュームは、時間的先行性は原因の概念そのものの要素だと言ったのであった。このことに関してもし彼が正しかったなら、私たちは同時的因果性というものを頭の中で考えてみることすらできなかったはずである。それは概念上の矛盾のようなものであっただろう。しかし、上に挙げたいくつかの例はどれも申し分なく整合的に見える。するとどうやら、ヒュームは間違っていたと考えた方がよさそうである。同時的因果性は少なくとも思考可能であり、そして先の例のいくつかを見ると、現実にあるのではないかとすら思われる。この論点をさらに強調するものとして、過去へ戻るタイムトラベルが思考可能だと考える人もいる。もしそうだとすると、原因が結果よりも後に起こることもありうることになりそうである。

タイムトラベラーがタイムマシンに乗って、一九七四年に出現したとしよう。ところが彼の出現は、彼が二〇七四年にタイムマシンのスイッチを押したことによって引き起こされたとしよう。SF的な想像力のなせる技とはいえ、このようなこともやはり思考可能だと思われる。するとヒュームは、原因の結果に対する時間的先行性が因果性にとって不可欠だと考えた点で、誤っていたことになりそうである。ただし次の点は断っておいた方がよいだろう。原因と結果の同時性を支持する議論、つまり、一方が他方に影響を及ぼすには両者が同時に存在しなければならないという議論は、因果性の向きがどちら向きであれ、原因と結果が別の時間にあるというい かなる考えとも折り合いが悪い。すると、タイムトラベルの事例が提起する本当の問題は、ある時点から別の時点へ一挙にジャンプする点にあるものと考えられる。

しかし、もし同時性が思考可能だとしても、そのことから、因果性は必ずそのような仕方ではたらくということが十分に保証されるわけではない。たとえば、時間的な延長を持つ因果連鎖はどうなるのだろうか。もし、一九一四年のフェルディナント大公の暗殺が、そのはるか後に、ドイツにおける国家社会主義の勃興という結末を引き起こしたのだとすると、同時性を擁護することはできそうにないと思われる。

これにはさまざまな対応が可能である。その一つは、カントが言ったように、因果性には同時的なものもあるが、すべてがそうなわけではないと言うことであろう。もう一つのカント的な考え方は、瞬間的因果性と同時的因果性の区別をすることである。原因と結果は同時に起こりうるとしても、それは決して、それらが瞬間的に起こるという意味ではない。原因の中には、かなりの時間をかけて結果をもたらすものもある。カントの挙げた例は、ストーブが少しずつ部屋を暖めるというものである。

しかし、フェルディナント大公の暗殺は今に至るまでその結果を及ぼしうるのに対して、原因の方も今も存在していると言うことは説得力に欠けるように思われる。暗殺は一瞬で完了したのである。だが次のようには言えるかもしれない。すなわち、因果連鎖の各結節点は、同時的な原因と結果のみを含む。ただしそれらの中には、時間的な延長を持つプロセスを含むものもある。それゆえ、連鎖は時間のかかるものでありうる。連鎖の各結節点の端は、連鎖の次の結節点と重なりあうことがありえ、その場合、隣どうしは同時に存在することになる。このような説明をすれば、同時性を、時間的な延長を持つ因果連鎖と両立させることができるかもしれない。

ヒュームの近接性の概念に関しても、異論の余地がないと決めつけることはできない。やはり、それを概念的な真理だと主張した点において、ヒュームは誤っていたのではないかという批判がある。物理学者は量子もつれという現象を議論している。これは、二つの粒子の性質が結びついているように見え、一方を測定すると他方の測定結果が確定するように思われる現象である。この現象の厄介なところは、それが瞬間的に、かつ距離にかかわらず生じる点である。議論の中で言われるところによれば、一つの粒子が測定されると、そのもつれの相手はどれほど遠くにあろうと、まさにその瞬間にある特定の値をとらなければならない。

このような現象において正確なところ何が生じているのかについては、物理学の哲学の専門家たちが今も解釈を試みている段階である。だが、現在も擁護者のある一つの解釈によると、量子もつれでは、瞬間的な遠隔作用が介在する連鎖なしに生じているのだという。その場合には、因果性が光速よりも速く伝わるという話になると思われるから、たいへん奇妙なことになるであろう。というのは、光はあらゆるものの中で最も速いことになっているからである。

非局所性

しかしそれはともかく、ここで重要な点は、私たちは因果性が非局所的に、つまり近接性なしに成り立つことを考えることができるように思われることである。ある人はこれを因果性の量子力学的非局所性と呼び、他の人は怪しい遠隔作用と呼んでいる。それが本当の因果性の事例であるかどうかはこれから確証すべきことだが、いずれにしても、それは私たちの原因の概念について何かを明らかにしてくれるかもしれない。

このように、時間的先行性と近接性は、どちらにも異論を唱える余地がある。とはいえここで、時間的先行性と近接性が必要だとヒュームが考えたのはなぜか、その理由を思い出してみるとよいだろう。彼は、恒常的連接性だけでは不十分だろうと考えたのであった。どうすれば、原因を結果から区別することができるのだろうか。また、頼れるものが規則性だけしかないとしたら、どうすれば真正の原因を見分けることができるのだろうか。これらはやはり重要な問いであり、ヒュームの答えを退ける者は、自らもっとよい答えを見いださなければなるまい。

第４章　必然性

原因はその結果を保証するか

よくある反ヒューム的な因果性の考え方はこうである。因果性の作用があるとき、結果は、他にも数多くある可能性の中の単なる一つにとどまるわけではない。特定の結果が産み出されるのには、十分な理由がある。つまり原因が、その結果が起こるように強制したり仕向けたりすると考えられる。砂糖を熱い紅茶に入れると、その砂糖は溶けなければならない。ボールが蹴られると、そのボールは運動しなければならない。そしてある有機体がある遺伝構造を持つと、その有機体はある仕方で発達しなければならない。

多くの人が考えるところ、因果性の規則性説に欠けているのは、原因にまつわる必然性の感じである。近接性や時間的先行性などの要件がさらに伴われたとしても、やはりそのように考えられる。結果は、その原因が起こっているならば、決して偶然に起こったわけではない。そうではなく、原因は、結果が起こるのに完全に十分なものとみなされる。ヒュームの哲学はあまりにも偶然性を抱え込んでいると考える人は多い。ヒューム的なモザイクが示唆しているのは、理論上、任意のものごとに続いて任意のものごとが起こりうるということだからである。しかし、反ヒューム主義者はそれを拒否する。反ヒューム主義者は因果性の実在論を擁護する。彼らによると、それは、原因はヒュームが許容しなかったような強い意味で真にその結果を産み出すという立場である。

必然性と偶然性ということで、私たちは何を意味しているのだろうか。これら二つの対立的要素を概念化するのに、哲学者はさまざまなやり方をとっている。必然性ということで哲学者が意味するのは、何かが厳密に含意されているとか、あることが事実でなければならないとか、すべての可能世界で真であるといったことだろう。偶然性ということで意味するのは、何かが真であったり偽であったりしうるとか、あることが事実であるかもしれないとか、すべてではないがいくつかの可能世界で真であるといったことだろう。2＋2＝4であることは必然的だが、オスロがノルウェーの首都であることは偶然的だと思われる。ノルウェーはトロムソを首都に選ぶことも理論上は可能であっただろうが、2＋2が4と等しくないことがありえた可能性はまったくないからである。

他には議論の余地のある事例もある。水が H_2O であること、光の速度が真空において毎秒約三〇万キロメートルであること、電子の電荷が負であることなどは、必然的なのだろうか、それとも偶然的なのだろうか。そしてこういった論争中の項目の中に、原因を入れることもできる。水が砂糖を溶かすこと、パラセタモールが痛みを緩和すること、マッチを擦ると火がつくことなどは、必然的なのだろうか、それとも偶然的なのだろうか。

必然的なことか

これまで、三つの観念について議論してきた。規則性、時間的先行性、そして空間的近接性である。ヒュームは必然性を、これらの観念とともに原因の観念を作る四つめの要素になりうると考えていた。必然性がしばしば常識的な原因の理解の一部とされることは認めるわけである。しかし哲学的には、必然性に正統な位置づけは与えられないと結論づけた。

ヒュームは次のように論じている。すなわち、因果性の一回だけの事例が、私たちに必然性の証拠を示すことはない。ヒュームの見解としては、私たちは出来事の継起、つまり一つのものごとに続いて別のものごとが起こるのを見ているにすぎない。私たちの持つ原因の観念は、同じ種類の出来事系列を繰り返し見ることから生じる。そうすることで、これから先の事例もこれまで見てきた事例と似るだろうという期待が私たちの中に形成される。しかし、これから先の事例がこれまでの事例と似る必然性などない。もし単一の事例が何ら必然性を示さないならば、同様の事例がさらにたくさんあったところで、そこから必然性が生じることはありえない。それぞれの事例に含まれるのは、ただ偶然性のみである。そして偶然性をどれだけさらに積み重ねても、私たちが必然性に達することはない。それは数の0を足していくことで、ついには1に達するのを望むようなものであろう。

もう少し話を具体的にするため、マッチを擦ることについて再び考えよう。ヒュームは、私たちはマッチが擦られるのを見て、そしてマッチに火がつくのを見ると言う。そのマッチは、擦られたとき火がつかなくてもよかった。その代わりに、蒸発することもありえただろう。よって私たちは、マッチに火がついて燃えるのを見るとはいえ、マッチに必然的に火がつかなければならないことを見ることはできない。それは私たちの経験の一部ではないからである。そして私たちがさらに何本かマッチが擦られて火がつくのを見るときにも、同じ種類のことをさらに何回か見ているだけである。そのときマッチが擦られることのそれぞれもまた、いずれも必然性を示さない。こうしてヒューム的な見解では、規則性は因果性におけるいかなる必然性も示すことはない。

ヒューム主義者に言わせるかぎり、本当の必然性は「観念の関係」の中にのみある。2＋2＝4が必然的であるのは、その真理がそこに含まれる観念の意味の中にあるからにすぎない。同様に私たちは、「もし今日が水曜日であるならば、明日は木曜日でなければならない」と言うことができる。しかしこの真理の必然性も、まったく言葉上のものにすぎない。未来のあり方を強制する必然性など、世界の側にはないのである。

哲学的強制

ヒュームは、その当時に受け入れられていた見解に異議を唱えていた。それはアリストテレスや、より近いところではバールーフ・スピノザ(一六三二―七七)のような人の著作に見いだされる見解である。スピノザは因果性について次のように述べている。「ある一つの明確な原因からは、ある結果が必然的に続く」(スピノザ『エチカ』一六七七年、第一部公理三)。ヒュームの議論は、この考え方に対する強力な挑戦なのである。しかし必然化説は、現代形而上学において再び復権している。たとえば自然法則は絶対的に必然的な事柄であり、因果的系列はそれに束縛されると考える哲学者もいる。

必然化説の魅力は、因果性における強制の感じを真剣に受け止める点にある。ヒュームの偶然説的な見解が示唆するところでは、結果は、起こることもありえたし起こらないこともありえた。どちらにせよ、結果を生じさせる何かなどない。ところが多くの事例は、結果には本当の必然性があると思わせる。たとえばフランス革命のとき、首を斬られた者はみな死んだ。ここで私たちは、それは恒常的連接性以上のものではないとか、純粋に偶然的な事柄だとか、本当に言いたいだろうか。そうではなく、必然性があると言うべきではないだろうか。結局のところ、いったん頭が胴体から切り離されたならば、誰であれ生き続けられる可能性などあるはずがない。

因果性についての実在論者、つまり因果性は実在する何かだと考える人は、ヒュームが覆そうと試みた見解を再び主張するであろう。この世界の規則性が理由あって存在すると考えるのは自然である。もしあなたが首を斬られたならば死ぬであろうことを、何かが事実にしているのである。そしてそこに必然性があるならば、その必然性こそが恒常的連接性を産み出す。すると規則性はむしろ因果性の兆候であり、因果性を同定するよい方法だということになるだろう。

斬首における必然性を擁護する議論は説得的に見える。必然化主義者は、同じことが因果性に関するその他すべての事例にあてはまると言うだろう。頭がないのに人が生き続けることを考えるのは難しいと思われる。砂糖が液体の中で溶けずにいることを考えるのはそれよりも容易だと思われるだろうが、しかしそれは、私たちが真の原因について斬首の事例ほどわかっていないという話にすぎないのではないだろうか。議論は次のように続くだろう。すなわち私たちは、関係するプロセスについて十分に知るならば、ある人が首を斬られたら死んでしまうのとちょうど同じだけの不可避性を、砂糖が液体の中で溶けることに見るであろう。

ヒュームの難問はまだ残っている。それは、因果性のどの事例にも必然性が関わっているということを、私たちは経験からどのようにして知りうるのかという難問である。しかし必然化主義者は、ヒュームの経験主義的プロジェクトは証拠として許すものを限定しすぎていると応じるかもしれない。なるほど規則性は、実在する強制的原因が作用していることを厳密には含意しないかもしれない。だが因果性の実在性は、なぜ自然界にはこんなにも規則性があるのかに関するもっともな仮説、いやそれどころか最良の説明ではないだろうか。ことによると、ヒュームは原因の必然性を証明する水準をあまりにも高く設定したのではないだろうか。つまり、ヒューム自身の理論にとって好都合なように証明の水準を設定したわけである。

必然化主義者は、自分の説には次のような利点があると指摘するかもしれない。つまり、ヒューム主義には悩みの種となる問題を説明したうえで、解消することができるという利点である。ヒュームはたとえば、偶然的な恒常的連接性と真正の因果的な恒常的連接性を区別することができなかった。しかし、因果性についての実在論者は、その区別を十分につけることができる。単なる偶然の符合にすぎない規則性もあれば、因果的に必然的な規則性もあるというわけである。そしてもし因果性が実在的な何かであるならば、事例の数がごくわずかしかなくても問題はない。ただ一つの事例しかなくても、おそらく問題にならない。実在的な因果性であるかどうかは、その事例がどれだけ多くあるかに依存しないであろう。関係的な見方である必要もないので、どのような単称主義者の直観にも対応できる。つまりAがBを引き起こすかどうかは、他の時間の他の場所の出来事に依存するのではなく、この特定のAがBを必然化したかどうかに依存するのである。

ところで必然化説の一種で、因果的状況の複雑性を重視するものがある。複雑性は疑いなく、因果性の関わる場面に広く見られる特徴である。哲学者はしばしば細部を切り捨てて抽象化しようと努める。そしてついに、あらゆる結果には一つの原因しかないように見える議論がなされるに至る。これは無害な抽象化なのかもしれない。しかし無害であるのは、複雑性が因果性に持ち込むものの中に、私たちが無視しようとすれば見落としを犯したことになるようなものがないときに限られる。

ジョン・マッキー（一九一七―八一）は、ほとんどどのような結果についても、原因が複合的に作用しうることに注意を向けた。ある人が家の中でタバコを落とし、それに続いて家が全焼したとしよう。その家がただ単にタバコが落ちたことだけによって全焼したことはありそうにない。それには家具などの可燃性の物質があることや、炎が持続できるように豊富な酸素があることも必要であった。落ちたタバコは、それだけでは火事を引き起こすに十分ではなかったのである。しかし確かにそれは、火事の原因全体において不可欠の一要素ではあった。これは次のように言い換えられる。すなわち、そのタバコがなければ、火事が起こることはなかったであろう。

さらに、すべての要因を集めたものは、火事にとって十分ではあるけれども、それ自体が必要なわけではない。火事は、電気事故など他の仕方で引き起こされることもありえただろう。それゆえ諸要因の集まりは火事にとって必要ではないが、にもかかわらず十分ではあったのである。そこで原因とはどのようなことなのかを、思い切って次のように言うことができよう。

> ［原因］とは、［結果にとって］必要ではないが十分な条件のうち、十分ではないが余分ではない部分のことである。これは（強調した語の頭文字をとって）*inus* 条件と呼ぶのが便利であろう。*1（マッキー『宇宙のセメント』一九八〇年、六二頁）

私たちは、因果性の複雑性を認めている点で、この *inus* 条件説を評価したい。因果性の複雑性については、後でまた戻ってくることになるだろう。だが私たちはまた、この説明を必然化主義の洗練された形態と分類しておきたい。原因の集まりSが結果にとって十分であると言うことは、Sがその結果を必然化するということの別の言い方である。もしSが起こるならばその結果が生じなければならないということの、二つの異なる言い方にすぎない。

自由意志

因果性が私たちの関心事となる理由の一つは、それが人間の行為者性という重要な問題と関わっていることにある。私たちは行為するとき、あるものごとが生じるのを引き起こす。私たちは新たな因果連鎖の創始者なのである。あるいは、そうだと思いたいのである。因果性は、哲学者だけが関心を持つ単に理論的な問題ではない。何らかの世間離れした学問が因果性に依拠しているというだけの理由で重要なわけでもない。むしろ、人間の行為者性が因果性であるならば、この問題はこれまで何事かをしたことのあるすべての存在者にとって即座に意義を持つ。

しかし、因果性の必然化説に対する抵抗の源は、それが私たちの自由意志を脅かしうることにある。もし原因が結果を必然化するとしたら、世界にある不可避性から私たちはどうやって逃れるのだろうか。すべては決定されているのではないだろうか。そして他のすべてと同じく人間も、必然性の奴隷になるのではないだろうか。これは決定論として知られる見解である。

決定論の考え方はもう少し説明する必要があるだろう。起こっているすべての出来事は他の出来事によって引き起こされており、かつ、原因は結果を必然化するとしよう。そしてまた、人間もその他すべてのものごとと同様に因果性に従うとする。すると原因が私たちに作用し、それによって私たちはものごとを行うように強制されることになる。そしてもし、私たちがある行為を遂行しようと意思決定したとしても、その意思決定は他の原因によって必然化されたのであらざるをえない。たとえその意思決定が私たちには自発的に見えたとしてもである。私たちは行為への動機が自らのうちにあると思っているが、その動機自体もまた、逃れえない出来事から成る先行する因果連鎖の一部でしかない。

それゆえ決定論は、自由意志にとって脅威であるように見える。ある人は、外出してチョコレートを買いたいと心に決めるかもしれない。だがその意思決定がその人の外にある他の出来事、すなわちその意思決定を必然化した原因によって引き起こされたのならば、その意思決定はどういう意味で真に自由なのだろうか。

この問題から抜け出す方法は、日常的な出来事因果と行為者が行うたぐいの因果を区別することだと考える人もいる。後者は行為者因果と呼ぶことができる。私たちの心が精神や魂であるとすれば、それは純粋に物理的な世界における規則的な因果性によって束縛されなくてよいのかもしれない。だがそのような見解は、依然としてある問題に直面する。少なくとも私たちの身体は物理的なものであるから、次のことを説明するのが難しいと思われる。すなわち、どのようにして身体は標準的な出来事因果の必然化から逃れられるのだろうか。もしあなたの身体の行為が因果性を通じて必然化されるならば、あなたの心が自由な意思決定を行ったところで、それにどんな利用法があるというのだろう。

しかし、すべての人が決定論を受け入れているわけではないと言っておかなければならない。その人たちは、決定論を受け入れるのではなく、世界に少なくともいくらかの偶然性があることを許容する。出来事の中には引き起こされないものもあるのかもしれない。あるいはヒューム主義者が主張するように、因果性は必然性を伴っておらず、完全な偶然性を許容するのかもしれない。

しかしここで一つの重大な問題がある。必然性が私たちの自由と衝突してしまうのとちょうど同じく、偶然性もまた自由と衝突してしまうのである。あなたの行為が引き起こされていないとしよう。あるいは、確率やランダム性のような偶然的要素があるとしよう[*2]。そのことがあなたを自由にするようには思われない。それどころか、それによってあなたはコントロールを失ってしまうことになる。

いまやあなたは、必然性の奴隷ではなくなるが、その代わりに確率の奴隷となる。あなたは、偶然的な事柄として、ひょいと頭の中に入ってくるだけの意思決定を望んではいないだろう。あなたが望んでいるのは、そうした意思決定に対する力を保持することである。すべてが必然であるならば、自由意志はないように思われる。しかしすべてが偶然であるとしても、自由意志はないように思われる。

このような論点に到達した以上、人間の自由を放棄してしまえば話は簡単だと思われるかもしれない。しかし私たちはそうしたくはない。ここまでの結論は因果性についてのある特定の理解からもたらされたものにすぎず、私たちはまだすべての理論を調べ終えたわけではない。自由意志の問題は、失うものが大きいことを示すだろう。もし私たちの因果性の理論が人間の自由を放棄するように強いるならば、その理論には何か間違いがあるのかもしれない。

加法的干渉と減法的干渉

恒常的連接性より強い因果的な結びつきが必要であること、それゆえ非ヒューム的な何かが必要であることを理解できるとしても、それにもかかわらず必然性では行き過ぎだと思われることには理由がある。

マッチを擦ったことのある人なら誰でも知っているように、マッチに火がつかないことがある。ときには、それは十分に速く擦られていなかったり、適切なやり方で擦られていなかったりしたからである。だがまたあるときには、確かに正しいやり方でなされたのだが、やはりマッチに火がつかないことがある。マッチを擦ろうとしたちょうどそのときに、突風が吹き込んだとしておこう。このように、因果性の関わる場面に何か不備があるからではなく、突風や水といった他の何かが加わったことから、因果関係が成立しないことがありうるように思われる。そしてたとえマッチを風や水から保護しても、マッチに火がつくのを邪魔する何らかのさらなる要因は依然としてありうるだろう。

世界は規則的で予測可能であるが、完璧にそうだとは言えない。ある結果をもたらすには何を試みるべきかを私たちが知ることができる程度には、十分に規則的であろう。しかし、これもまた私たちが知っているように、実際には期待が満たされないこともありうる。

まれに脆いグラスが落下しても、どうにかして衝撃に耐えることがある。グラスは最も強固なところで着地するようなある仕方で落下したのだろう。あるいは、幸運にも床にわずかにある柔らかい部分に落下したのだろう。そして知ってのとおり、信頼に足る機械を造ろうとしても、いつだって何か調子の悪いところが出てくる可能性がある。するとその機械は、本来ならば生じさせるはずの通常の結果を生じさせないことがありうる。

ある機械、ないしは何らかのたぐいの因果的な仕組みが動作しなくなるのには、二通りの仕方がある。一つはパーツが動作しなくなるときである。たとえば決定的に重要な歯車の歯が機械から外れて、装置の中に隙間ができてしまったとしよう。機械の中で伝わる原因の連鎖はその箇所で止まってしまう。これは減法的干渉と呼びうる事例の一つである。減法的干渉とは原因から何かあるものを取り去ることを言う。そうすることで、いつもの結果を生じさせることが妨げられてしまうのである。

二種類めの事例では、機械の部分はすべてそのままである。だが、何らかの要素がさらにつけ加えられる。機械の歯に埃がかぶり、それが原因で機械が動かなくなってしまうかもしれない。機械はやはり動作しなくなるのだが、それは何かが取り去られたから動作しなくなるのではなく、何かがつけ加わったからである。これを加法的干渉と呼ぼう。

加法的干渉の可能性は因果性の必然化説にとって脅威であり、ヒュームはそれを理解していた。あるものごとAが別のものごとBを必然化させると言うとき、それは必然性の通常の理解によれば、Aが起こるときにはBが起こらなければならないということを意味する。この帰結は必然性の他の事例では成り立つように思われる。もし今日が水曜日であるなら、明日は常に木曜日であるだろう。もし今日が水曜日であり、そして七月であるならば、明日はやはり木曜日である。もし今日が水曜日であり、そしてバラク・オバマが大統領であるならば、明日はやはり木曜日である。つけ加えられるものとして何を他に考えても、やはり明日は木曜日である。

よって私たちがあるものごとAが別のものごとBを必然化させるかどうかを知りたければ、私たちは、思いつくどんなものごとでもよいのだが、Aに他の何らかのものごとXが加わったとして、それでも依然としてBがあるかどうかを知りたいと思うだろう。私たちはこのテストを採用して、原因が結果を必然化させるかどうかを判断することができる。ジョン・スチュアート・ミル(一八〇六―七三)は、次の一節でそれを承認している。

これは著述家たちが、原因の概念には必然性の概念が関わっていると言うときに意味していることである。必然性という語に疑う余地なく属している意味があるとすれば、それは無条件性である。あるものごとが必然的であるということ、そうでなければならないということが意味するのは、他のものごとについてどのような仮定をしたとしても、それはそうだということである。

（ミル『論理学体系』一八四三年、第三巻第五章第六節）

さて加法的干渉が可能ならば、因果性は必然性のテストに通らない。ある結果に対して通常の原因があるとしよう。しかし埃くらいにちょっとしたものでも他に何かが加われば、その結果が起こらないことがありうる。誰かが機械にスパナを投げたり、ブラックホールが出現したり、因果的にはたらく装置が地面にぽっかり空いた穴に落ちてしまうことなどによっても、結果が起こらないことがありえよう。私たちの知るかぎり、潜在的な加法的干渉の数は無限である。たとえば、それら潜在的な干渉のすべてを、それらはいずれも生じていないことがはっきりしていると言って有限のリストにまとめたうえで、除外するというわけにはいかない。だとすると、どのようにして原因が結果を必然化したと言えるのだろうか。

しかし、因果性の事例がすべて加法的干渉を許容するというのは本当だろうか。たとえば斬首の事例についてはどうだろう。それは必然性の好例と思われる。あなたが生き続けるのを可能にする何かをつけ加えることなど、どう考えてもできないのではないだろうか。いや、それも事情による。確かに今はないかもしれない。しかし、首を斬られた後も生き続けるということは少なくとも考えることはできるし、適切な技術の発展を待つという問題にすぎないのかもしれない。たとえばテレビ番組『フューチュラマ』には切断済みの頭部が何人か登場人物として現れ、栄養素入り培養槽の中に入れられている。このような加法的干渉は本当の可能性ではないと、いったい誰が言えるだろうか。そしてその頭がかつての身体に信号を送ることができるなら、その身体も生き続け、頭の指示に従って動き回ることができるだろう。

これはSFのように思えるかもしれない(実際SFである)。しかし、人間は心臓なしには1分も生きられないと考えられていた時代もあった。今日、心臓移植手術はかなりありふれたものであり、中には機械の部品を埋め込まれている人さえいる。問題は、斬首と死のあいだのつながりが、明らかに因果的ではあるけれども、必然性の事柄なのかどうかである。そして、首を斬られた人がこれまでみな死んだとしても、そのつながりは必然的な事柄ではないように見える。

産出プロセス

加法的干渉による議論は広範な重要性を持つ。原因が成功裏に結果を産み出す事例においてさえ、原因は結果を必然化することによって産み出したわけではない。加法的干渉のために因果関係が成り立たなかった事例は、現実にもある。しかしそのような干渉がなかった事例においてさえ、干渉はありえた。したがって、結果が追加的要因によって妨害されえた以上、いかなる原因も結果を必然化していないのである。

このことは、反ヒューム主義者であっても、因果的産出の概念と因果的必然化の概念を区別すべきだということを示唆する。ヒュームは因果性における必然性を攻撃し、その代わりに純粋な偶然性だけを残した。ヒュームの恒常的連接性説にはどこか不適切な点があると考えたとしても、だからといって、必然的な結びつきが「観念の関係」の中にのみあるのではなく自然界に存在することまでを擁護しなければならなくなるということは、自動的には帰結しない。

ヒュームは間違っており、恒常的連接性に加えて真正の因果的産出といったものがあるのだと考える人がいるかもしれない。だがそのように考えても、ヒュームが攻撃したもの、つまり因果的必然化主義という概念を擁護する必要はない。エリザベス・アンスコム(一九一九―二〇〇一)は、必然性は因果性の概念の一部であるという主張に異論を唱えた。アンスコムが論じるには、AがBを引き起こしたと言うことは、AがBを必然化したと言うことと同じではない。後者は前者とは別で、それに追加されうるテーゼのはずである。

アンスコムの議論は、非決定論的因果性という次第に尊重されつつあった概念の出現に基づいていた。その概念は、二〇世紀の物理学において真剣に受け止められるようになったものである。それによると、因果性の事例の中には確率的なものがありうると考えられ、しかもそれは完全にランダムという意味ではない。

ある粒子が一定の時間が経過するまでに崩壊する、一定の確率[*3]があるらしい。その時間までに粒子が崩壊するのを強制するものはなく、実際は崩壊しないかもしれない。しかしその時間までに崩壊しないよりは崩壊することの方が、よりありそうである。粒子には、崩壊する傾向性[*4]がある。そしてもし現に崩壊した場合には、傾向性が崩壊を保証したのではないとしても、傾向性が崩壊を引き起こしたと考えて矛盾はないように思われる。すると原因とは、結果の確率を上げて、ときには成功裏にそれを産出するが、しかしそれを確実化するわけではないようなものかもしれない。

非決定論的因果性という概念が意味をなしうるならば、必然化は原因の概念の一部ではないとした点でアンスコムは正しかったことになる。因果的必然化主義は、真正の因果的産出があるという主張とは別で、それに追加されうるテーゼとなるだろう。しかしたとえ因果的必然化主義が間違っているとしても、それはまだ、ヒューム的モザイクという完全に偶然的な描像を受け入れなければならないことを意味するわけではない。まだ他の選択肢がありうるのである。

＊1　この定義におけるキーワードは、原文では“insufficient”(十分ではない)、“non-redundant”(余分ではない)、“unnecessary”(必要ではない)、“sufficient”(十分な)の順番で登場する。この順番を考慮して「*inus* 条件」と呼ばれる。
＊2　この段落における「確率」は“chance”の訳語である。
＊3　この段落における「確率」は“probability”の訳語である。
＊4　ここでの「傾向性」は“propensity”の訳語である。第9章「傾向性主義」で言われるときの「傾向性」は“disposition”の訳語であるので、区別されたい。

第5章　反事実条件的依存性

原因は違いを生じさせるか

列車が遅れているとしよう。線路にヘラジカがいるからである。ヘラジカが遅延を引き起こしたと言うことを、何が保証するのだろうか。規則性が関わる何かだとは言いたくないだろう。それは知るかぎり一回きりの事例である。他のヘラジカが別の時間に別の場所で何をしているかについて、私たちは何も知らない。私たちが抱いている信念は、この特定の時間に、この特定の列車の遅延を引き起こした、この特定のヘラジカについてのものである。

次のような考え方はもっともらしい。すなわち、「もしヘラジカが線路にいなかったならば、列車は定刻どおりに走っていただろう」とだけ言うことにしよう。では、これがもっともらしく聞こえるのはなぜだろうか。

原因は、何が起こるかに違いを生じさせるものだと言うことができるだろう。つまり原因とは、違いの作り手のことである。ある特定の原因が起こらなかったとしたら、歴史は違ったものとなっていただろう。リンカーン大統領は暗殺者の弾丸によって殺害された。これは、発砲がリンカーンの死を引き起こしたという意味である。これは一つの理解では、要するに次のようなことを言っている。すなわち、「もしその発砲がなかったならば、リンカーンは劇場訪問後も生き続けていただろう」。別様でありえたが、どのみちリンカーンの死に違いを生じさせることがなかったものごとは、他に数多くある。たとえばもし別の劇を鑑賞していたとしても、彼はやはり発砲によって死んでいただろう。また、その週の別の日の夜に観劇していたとしても、彼が生き続けていたと考えるべき理由はない。生きるか死ぬかの違いをリンカーンに生じさせたものごとは、まさに、疑う余地なく発砲なのである。

したがって原因を探すときには、そして何かが原因であるとはどういうことかを言うときには、違いの作り手を探せばよい。そしてこのことについて考える方法の一つは、もしこれこれのことがなかったならば何が生じていたかを想像することである。よって線路にいるヘラジカが違いを生じさせたかどうかは、もしヘラジカがそこにいなかったならば列車は定刻どおりに到着していたかどうかに帰着する。行く手を邪魔するヘラジカがいなければ、列車は定刻どおりに着いたのではないかと思われるだろう。

これは魅力的な原理である。この原理はときに法学や医学で因果性のテストに使われる。たとえばある人が損害賠償を求めて会社を訴えるなら、訴訟相手の会社が違いを生じさせたことを示す必要があるだろう。もしある人が病気になったならば、相手の行為や過失がなければ病気にならなかったことを示す必要があるだろう。同様に、ある人が事故を引き起こしたことで起訴されたならば、被告の行為や不作為がなければ事故は起こらなかったことが示されなければならない。

これは哲学の用語で、因果性の反事実条件的依存テストとして知られるものにあたる。しかしある哲学的理論によれば、それは単なるテストにとどまらない。その理論によれば、因果性とはそもそも、出来事のあいだの反事実条件的依存性にほかならない。

もし、ものごとが違っていたならば……

反事実条件とは単に、事実に反するものごとという意味である。よってヘラジカが線路にいたことが事実ならば、ヘラジカが線路にいなかったことは事実に反した仮定になる。私たちはたびたび、事実に反した仮定を取り上げ、その状況で何が生じただろうかと考えたりする。もしドイツが第二次世界大戦で勝利していたらどうなっていただろうか。誰もがみなドイツ語を話しているのだろうか。そして、そんなことはないと仮定しておくが、もし今日エイリアンがロンドンに降り立ったとしたらどうだろう。どんな違いが生じただろうか。

因果性とは反事実条件的依存性のことだとする理論を得るには、さらに要素を加える必要がある。第一は、それは反事実条件的な仮定だけでなく、その仮定への依存にも関わるという点である。あなたは「もし太陽がなくなるならば、ここは極寒になるだろう」と言うことができるだろう。一方のものごとが他方のものごとに依存していると述べているのである。そしてあなたはその条件文が真であることを、たとえ前件(「太陽がなくなる」)が偽であるとしても、おそらく喜んで認める。ここが極寒になることは、太陽がなくなることに、反事実条件的に依存しているのである。

しかしこれで全部ではない。反事実条件的に依存することは、因果的に依存していなくてもありうるからである。もし今月が六月であるならば(実際は六月でない)、来月は七月であることをあなたは知っている。翌月が七月であることは、今月が六月であることに反事実条件的に依存しているのである。だが翌月が七月であることは、今月が六月であることによって引き起こされるわけではない。したがって因果性理論として反事実条件的依存性説を擁護するなら、因果的な反事実条件的依存性と因果的でない反事実条件的依存性を区別する必要がある。

一つの考え方は次のようになる。つまり、反事実条件的依存性は別々の出来事のあいだに成り立たなければならない、とするのである。因果性は、ヒュームが観念の関係と呼んだものではなく、世界の中で起こる出来事のあいだの自然的な関係である必要がある。反事実条件的依存性の中には、純粋に論理的だったり、数学的だったり、分析的だったりするもの(これらはヒュームが言う観念の関係である)があるだろう。他方で世界の中で出来事や事実が相互に依存することに関わるものもあり、それこそが私たちにとっての関心事なのである。

関係と関係項

ヒュームの研究以来、因果性を別々の出来事のあいだの関係と考えるのが自然となってきた。ただし関係は二つ以上のものを結びつけるのだから、因果性理論にとってはその結びつけられるものが何なのかが問題になる。ヒューム主義者は、それは出来事だと言う傾向にある。ところがアリストテレス主義者は、それはたとえば個別的対象のような実体だと考える傾向にある。

アリストテレス主義者ならば、列車の遅れを引き起こすのはそのヘラジカ、つまり個別的な生物学的存在者だと指摘するだろう。他方でヒューム主義者ならば、列車が遅れていることという出来事を引き起こすのは、ヘラジカが線路にいることという出来事だと言うだろう。ゆえにある人が因果関係の関係項をどのように理解しているかによって、その人が根底にもつ存在論的仮定が明らかとなりうる。ある哲学者が、角砂糖が溶けることの原因をそれが水の中に投入されることとして語るならば、たぶんそこにはヒューム的な基本的枠組みが反映されている。

因果性に関する反事実条件的依存性説は、ふつう、規則性説と並んでもう一つのヒューム的な因果性の説と考えられている。ヒュームの研究は二つの異なる因果性理論を生み出すことになった。二つの見方をどちらも好意的に語ったためである。だがその二つの理論をどちらもヒューム的なものとしているのは、因果性は別々の出来事のあいだの偶然的関係だという考え方である。二つの理論は、その関係が恒常的連接性の関係なのか、それとも反事実条件的依存性の関係なのかという点で違いがある。デイヴィド・ルイスは、ヒューム的なモザイクという概念を与えた人であったが、反事実条件的依存性説を擁護した人として知られている。しかし反ヒューム主義者は、因果性が出来事のあいだの偶然的関係であることに異議を唱えるだろう。それどころか、因果性がそもそも関係であることにも異議を唱えるかもしれない。

事実と反事実

ヘラジカが列車の遅延を引き起こした事例には何があるのだろうか。ヒューム主義者に言わせれば、一つの出来事に続いてもう一つの出来事が起こるだけである。線路にヘラジカがいて、列車が遅れている。その二つの出来事のあいだに強い結びつきはない。ヘラジカは列車を遅延せしめるわけではない。必然化させるわけでもない。そのように傾向づけるわけですらない。これでは、規則性説の主張よりもさらに弱く見えるだろう。

したがって、二つの出来事のあいだの結びつきをより強くする役割を果たすところこそ、この理論の反事実条件的依存性の部分なのである。一つの出来事に続いてもう一つの出来事が起こる事例は数多くある。その中のいくつかが因果的とされるのは、第一の出来事が起こらなかったならば第二の出来事も起こらなかっただろうと言えることによる。よって因果的であることと因果的でないことの違いは、現実に生じたことに関わる事実だけに見られるわけではない。もしものごとが違っていたならば何が生じていただろうかという点をめぐる真理にも見られるのである。

このように見てみると、その理論はどこか信じがたく聞こえる。因果性は実際にあることではなく、実際にはない何か、つまり事実に反した何かに存することになると思われるからである。ヘラジカの存在は現実に他の事柄に影響したと確かに考えられる。つまり、そのヘラジカは列車の邪魔をしたのである。しかしこの説によると、ヘラジカが遅延を引き起こしたと言えるのは、「もしヘラジカがそこにいなかったならば、列車は定刻どおりに走っていただろう」が真であるときに限られる。

しかしながら、これで反事実条件的依存性説の完全な敗北となったわけではない。反事実条件文の真理が何に存するかに関して信頼に足る説明を与えられるならば、その理論が反事実条件文に依拠していることは難点でなくなる。

反事実条件文に関する説の一つは、虚構主義と呼ばれる。反事実条件的な想定を考えることは、虚構について考えることと似ているという考え方である。ヘラジカが現実に線路にいるとすれば、そのときその場所にヘラジカがいなかったという状況は単なる虚構である。救貧院から売り飛ばされてフェイギンという名前の男と出会ったオリバー・ツイストと呼ばれる少年がいる、というのは虚構である。私たちはその虚構を、心に抱いたり、楽しんだり、理解したりできる。それと同様に、そのヘラジカが線路にいなかったという虚構も、私たちは容易に把握できる。

しかし、これは因果性の理論として十分だろうか。オリバー・ツイストは単なる虚構である。著者と読者の心の中以外には存在しない。小説の中の登場人物が小説の外の実在する人物や事物と因果的に相互作用することは、まさかありえない。世界の中の因果性に関する実在的事実がそのような虚構に帰着するということはありうるだろうか。線路にヘラジカがいなかったというのがでっち上げの想定にすぎないとしよう。するとそのような虚構がどのようにして、何が何を引き起こすかをめぐる実在世界の重要な事柄を決定できるのだろうか。

気がかりなのは次の点だろう。すなわち、虚構主義者の説明は、反事実条件文に、本当に実在する因果的事実を確保するには不十分な形而上学的効力しか与えていないという点である。だとしたらきっと、より実質的な説明を見つければよいのではないだろうか。それが見つけられたなら、反事実条件文の真理は何らかの実在のものとなる。

デイヴィッド・ルイスはそのような説明を与えている。とはいえそれは相当の代償を払うものである。私たちの世界において反事実的であることは、ルイスに言わせると別の世界では事実的なのである。私たちの世界ではヘラジカが線路にいて列車が遅延した。しかし、私たちの世界とよく似た世界が他にもう一つあり、そこでは線路にヘラジカはいない。そのもう一つの世界は、列車の行く手にヘラジカがいないことを除いたあらゆる点で私たちの世界と可能なかぎりそっくりである。そしてそのような世界では、ルイスの主張によると、列車は定刻どおりに走るのである。

「ヘラジカが線路にいなかったならば、列車は定刻どおりに走っていただろう」が真であるためには、ヘラジカに関すること以外のすべての点において可能なかぎり私たちの世界と類似した世界が存在し、かつ、その世界においては列車が遅延していないことが必要である。この別の世界は、ヘラジカがいないことと整合的であるかぎり、私たちの世界と同じ事実と自然法則をできるだけ数多く持つ。私たちの世界でも成り立っていない何らかの真理を追加して仮定することはできない。たとえば線路には熊もいるといったことを仮定することはできない。この理論によると、以上をふまえたとき、ヘラジカがいなければ列車を邪魔するものは他に何もないことがわかるはずである。

ルイスは反事実条件的な真理を実質的なものとした。つまりすべての反事実条件的な真理は、当の事実が位置づけられる世界との関係では現実的と言える真理なのである。これで虚構主義者による反事実条件文の解釈にまつわる気がかりは払拭されるだろう。だが別の気がかりが生じてしまう。ルイス流の理論がうまくいくためには、具体的な世界が他に複数存在して(可能的状況それぞれに一つの世界がある)、各世界が私たちの世界と同じく実在的でなければならない。ルイスは、それらの世界はこの上なく強い意味で実在するのでなければならないと断言している。その理由はすでに見た。それらの世界には行うべき実質的な仕事があるわけである。だが同時に多くの人が見るところ、他に数多くの実在的な世界があるというこの実在性は、存在論的にあまりに途方もない。そのような世界が存在しないとは確かに言えない。その理由は、それらの世界がお互いに時間空間的に隔離されていることにある。諸世界のあいだに相互作用はないので、その存在は経験的な仕方では確かめられないのである。それにもかかわらずこれはあまりに代償が大きく、直観に反しており、受け入れられないと考えられるかもしれない。

反事実条件文をテストする

しかし、哲学者が自らの想像にあまりに夢中になってしまわないうちに、反事実条件文の真偽をテストできる単純なアイデアを検討してみてはどうだろうか。反事実条件的に仮定されたことが実際に成り立つ他の可能世界について単に考えるだけにするのではなく、仮定されているそのことを私たち自身の世界で実際に成り立たせてみて、そして何が生じるかを見ることにしてはどうだろうか。

何が何を引き起こしているのかを理解したいときに実行できるような、何らかの単純な実践的テストがきっとあるに違いない。私たちは世界に介入し、操作することができるのである。

あなたの目の前にトランプで組み立てた家があるとしよう。最下段にあるトランプは上段にあるトランプの何枚かを(部分的に)支えていると仮定する。あなたはこのとき、もし最下段のトランプがそこになければ、上にあるその他のトランプは崩れ落ちてしまうだろうと考えるかもしれない。それは因果性を示すように思われる。あなたはその反事実条件的依存性があるということを頭の中でただ思うだけにしてもよいが、もちろん、底面のトランプを抜き去って、残りのトランプが実際に崩れるかどうかを見ることもできよう。そんなことはしないでおきたいと思う人も、もちろんいるだろう。この因果的状況をテストすることは、その状況を壊すことでもあると思われるからである。だがこれと似ていて、そしてそれよりもずっと生産的に見える、反事実条件文をテストする事例がある。

新薬が開発されたとしよう。そしてその新薬がある病気に対してプラスの因果的効果があるかどうかを知りたいとしよう。どのようにして調べるだろうか。医療専門家は標準的なテストを定めている。そのテストは、反事実条件的依存性テストと非常によく似ているが、ルイスのように具体的な他の世界という存在論的荷物は抱え込まない。そのテストとは、ランダム化比較試験(RCT)である。

治験のために被験者が選ばれ、そしてランダムに二つのグループに分けられる。数が十分に大きく、かつグループ分けが純粋にランダムならば、それら二つのグループはとてもよく似たものとなるはずである。治験薬が第一のグループに与えられる。そのグループを投与群と呼ぼう。もう一つのグループには、それと知らせずプラセボを与えるだけにする。

そうした治験の結果としてありうるものの一つは、投与群の回復率がプラセボ群の回復率よりも高いというものである。そのとき私たちは、薬が病気を治すか抑えるかしたと因果的な主張をしたくなるだろう。そのように言うことは正当化されるように感じられる。なぜならプラセボ群は、「薬を摂取しなかったならば、回復した人の数は少なくなっていただろう」ということを示していると考えられるからである。

このように主張することができるための鍵となる要素の一つは、二つのグループを分けるランダム化である。先ほど述べたように、ルイスの理論において考慮される反事実条件的世界は、反事実条件的な仮定と整合的でありながら、可能なかぎり多くの点で現実世界と類似していなければならない。十分に大きな数のサンプルをランダム化すれば、二つのグループが類似していることは保証されよう。少なくとも私たちの目的にとって十分なほどには類似しているはずである。よって一方のグループが他方のグループよりも高い回復率をとるなら、それはたとえば健康な人が多いというように、各グループに属する人のタイプに違いがあるからではない。これは次のことを示している。すなわち、医療専門職では、因果性の反事実条件的依存性テストが確かに真剣に受け取られているのである。

順序は正しいか

因果性のテストとしてある種の反事実条件的依存性を利用することと、因果性がそのような依存性に存していると言うことは別である。私たちが考察してきた哲学的理論は後者の方をとっている。その理論が述べるには、因果性とは出来事のあいだの反事実条件的依存性にほかならない。

しかし、それでは説明の順序が逆になってしまうと論じることができるだろう。ある出来事が他の出来事に反事実条件的に依存していると考えられる理由は、それらの出来事が因果的に結びついていることにこそある。RCTの事例を取り上げるなら、投与群がプラセボ群よりも高い回復率を持つのには理由があると言いたくなるだろう。それは何らかの基本的なヒューム的事実ではなく、薬が現実に作用するという事実なのである。薬には因果的な効果がある。回復した投与群の人々は、プラセボ群がなかったとしても、薬の摂取によってやはり回復したのではないだろうか。業務上の過失によってプラセボ群にプラセボを与えるのを忘れたとしよう。当然それは投与群には無関係であり、投与群の人々が回復したかどうかに無関係であっただろう。いったいどうしたら、薬が回復の原因なのかどうかが、プラセボ群に何が生じるかによって決定されるのだろうか。プラセボ群は投与群といかなる仕方でも影響しあっていないのである。

ルイスの見解に対する批判の一つに次のようなものがある。ものごとが少しばかり違っている他の世界で何が生じるだろうかについての信念は、この世界における実在の因果的な結びつきについて私たちが信じていることを拠りどころとするほかないという批判である。結局のところ、私たちは他の世界を覗き込むことはできない。だからそれらの世界に関する信念の証拠は、私たちの世界以外にない。それゆえ、「もしヘラジカがそこにいなかったならば、列車は定刻どおりに走っていただろう」

と信じるのは、まさにこの世界においてヘラジカが遅延を引き起こしたと信じているからなのである。するとと次のことが示唆される。すなわち、反事実条件的依存性説は説明の順序を逆にしてしまっている。反事実条件的依存性は、ものごとが因果的に関係している理由にはならない。因果的に関係していることの方が、ある出来事が反事実条件的依存性を持つことの理由になるのである。反事実条件的依存性は、因果性の産物ないし兆候でしかないのではないだろうか。

多重決定

だがそれは兆候ですらないのではないだろうか。何人かの批判者が指摘したように、反事実条件的依存性のない因果性の事例がありうるし、そして因果性のない反事実条件的依存性の事例もありうるからである。

線路にヘラジカがいることに加えて、ヘラジカが、赤が点灯したまま止まっている信号の隣に立っていたとしたらどうだろうか。そのような場合、ヘラジカが線路にいなかったとしても列車は遅れていたであろう。ヘラジカが列車を止めなかったとしても、他の何かが列車を止めていただろうというわけである。この場合、ヘラジカが遅延を引き起こしたことに違いはないが、ヘラジカがいないとしても列車はやはり遅延していただろうと思われる。ヘラジカは、原因ではあるが違いの作り手でないように思われる。

こうしたことが起こる理由は、結果に対して多重決定が生じている点にある。ヘラジカと止まった信号はどちらも列車を遅延させることができる。しかし多重決定があるとき、反事実条件的依存性はない。もしヘラジカがそこにいなかったならば、止まった信号のために、列車はやはり遅れていただろう。そしてもし信号が止まっていなかったならば、ヘラジカのために、列車はやはり遅れていただろう。よって因果性が反事実条件的依存性に存するとすれば、どちらも遅延の原因ではないことになる。

反事実条件的依存性の理論家たちは、結果の多重決定が本当は生じえないことを示そうと懸命に努力してきた。たとえば、原因の一方は必ず先に来て他方を先回りするため、原因としてはたらくのは一方だけで他方は何もしないのだという考え方がありえよう。しかし、なぜ、同時的多重決定は排除されるべき可能性なのだろうか。一つの結果に同時に作用する原因が二つあり、そのどちらも原因として十分であることは、完全に可能な筋書きであるように思われる。その筋書きを排除しようとする動機が、それで因果性の反事実条件的依存性理論が救われるということだけにあるなら、その場しのぎの手立てに見えてしまう。

それなしにはない

多重決定は、反事実条件的依存性のない因果性である。逆の事例もある。因果的とは思えないが、にもかかわらず別個の出来事のあいだに反事実条件的依存性があるような事例がいくつかある。*sine qua non* ないし必要条件と呼ばれる種の事例である。

ある日の午後、ジョンは歩くときのペースを上げた。その日の朝にベッドから起き上がることがなければ、ジョンがそうすることはできなかったであろう。よってジョンが歩行ペースを上げたことは、ベッドから起き上がったことに反事実条件的に依存している。しかし、その日の朝にベッドから起き上がったことは、彼がその日の午後に歩行ペースを上げたことを引き起こしたのだろうか。そのようには見えない。ジョンが起きたとき、彼には後で歩行ペースを上げようという意図はなかった。だがそれは必要条件ではあった。ジョンがまだベッドにいたとしたら、彼は午後に歩くことはできなかっただろう。*sine qua non* とは「それなしにはない」という意味である。これは、因果的な結びつきと同じものには見えないだろう。

同様に、ジョンのふだん以上の歩行ペースは、ビッグバンに反事実条件的に依存している。だがビッグバンがそれを引き起こしたと考える必要はないだろう。ビッグバンは単なる必要条件である。あなたの死はあなたの誕生に反事実条件的に依存している。それどころか、生まれてからの人生であなたがするいかなることも、あなたの誕生に反事実条件的に依存している。しかし、あなたの誕生はそうしたことすべてを引き起こしたのだろうか。あなたの誕生は、レストランでピザでなくパスタを選んだことや、友人たちのあいだに優先順位をつけたことや、禁煙したことや、ロンドンに引っ越したことを引き起こしたのだろうか。さらに、ヒュームが哲学者になることは、彼に曽祖父母がいることに反事実条件的に依存している。しかし、ヒュームの曽祖父母がヒュームが哲学者になることを引き起こしたと考える必要はないだろう。なぜなら、ヒュームの曽祖父母はヒュームの意思決定や教育に対して何の影響も及ぼしていないからである。このように考えると、必要条件と真なる原因のあいだの隔たりは実に広いように見える。このことは、反事実条件的依存性が因果性と同じではありえないことを示していると思われるだろう。

第6章 物理主義

すべては伝達に尽きるのか

これまで検討してきた説はどれも、ヒュームと、因果性を概念上それとは異なるものに還元し尽くすという彼の企てに触発されたものであった。しかし、これ以外にもとりうるアプローチがもう一種類ある。つまり、原因という概念で私たちは何を意味しているのかという問いもあるが、おそらくこれとは別の次のような問いがある。すなわち、因果性とは何であるのかという問いである。

ジョン・ロック(一六三二―一七〇四)は『人間知性論』(一六九一年)において、唯名的本質と実在的本質という有名な区別を行った。あるもの、たとえば金に関して、その唯名的本質とは、その外面的で観察可能な性質のひとそろいであり、私たちはそれによってそのものを認識する。金であれば、金色で光沢があり展性があるといったことである。私たちはこの唯名的本質を用いて、金を同定したり金について語ったりする。他方ロックは、ものにはまた、その根底にある本質すなわち実在的本質があり、それこそがまさにそのものの真のあり方なのだと考えた。ロックは実在的本質は隠れていると考えていたが、科学の進歩のおかげで、今日の私たちにはそれについていくらかの知識があるものと思われる。たとえば、金であるとは原子番号79を持つことであり、これはつまり、金は原子核に七九個の陽子を持つ元素だということである。

因果性とは何かを考える際におそらく鍵となる課題は、その実在的本質を発見することである。それは、因果性とは世界において何であるのかという課題であり、私たちの原因の概念はどのようなものかという課題ではない。だいたい、日常的な原因の概念はごちゃごちゃしたもので、その用語を用いるときに誰もが意味する一つのものなどないかもしれない。後に見るように、多元主義者はそのように考える。原因という用語を用いる際に、あらゆる場所と時代を通じてすべての人が意味していた、ただ一つだけの整合的なものがあったとしたら、それはむしろ驚嘆すべきことではないだろうか。もしそうだったとすると、人々の考え方が注目すべき収束をみたことになるが、私たち人類はそのようなことはあまり得意ではないのである。こう考えると、因果性とは何かについては、誰か科学の専門家に教えてもらう方がよいアプローチであるように思えてくるだろう。因果性は物理的な現象であり、本来、経験科学によって解明されるのがふさわしい対象だと思われる。私たちは化学者のおかげで、金についての通俗的で大雑把で不正確な理解から脱することができた。これとちょうど同じように、物理学者が世界を研究し、因果性とは本当は何なのかを教えてくれればよいのではないだろうか。

エネルギッシュな科学者

因果性の経験的な証拠を求めて世界に目を向けると、私たちは何を見いだすであろうか。かつては、因果性とは基本的に、物体が互いにぶつかって他の物体を動かすことだろうという考えがあった。この発想は、機械論哲学や粒子論哲学の時代に顕著であった。粒子論者の考えによると、ヒュームのビリヤード球を小型化したような物質の小片があり、それがやはり互いにぶつかり合っているのだという。私たちが身のまわりで目にする、いわゆるマクロレベルにおける因果的な相互作用は、究極的にはミクロレベルの粒子の作用によって産み出されているのである。

私たちは、自分たちは今では世界に対する科学的な理解を深めたと思っている。しかしそれは、この粒子論の伝統と構造的にそれほど変わらない仕方で表現されることがある。ただ現在は、物質の小片が互いにぶつかると考える代わりに、ある量のエネルギーや、他の何らかの量的なものが受け渡されると考えるのである。保存則の言うところによると、ある系におけるエネルギーの総量は一定だが、それはその部分領域間で受け渡されたり伝達されたりすることが可能である。

以上は抽象的で専門的に聞こえるであろうが、それを比較的単純な仕方で理解することができる。ビリヤード球がテーブルを横切って動くのは、それが運動量を持つからである。このことは、物理学の理論ではエネルギーによって説明でき、そしてエネルギーとは質量と速度の関数であることを私たちは知っている。一つの球がもう一つの球と衝突すると、第一の球はその運動量のいくらかを第二の球に伝達し、すると第二のビリヤード球は離れて動いていく。このように、物体の衝突という考えは、エネルギーが一つのものから別のものに伝達されるという考えに置き換えられる。しかも、実はそれらのものさえ、空間の一領域における、ある量のエネルギーにすぎないのである。

このように、因果性において生じていることは、エネルギー、運動量、電荷などの保存量の伝達である。領域間で伝達されうるものが正確なところ何の量なのかは、科学に委ねてかまわない。たとえば、石が窓に当たると、エネルギーが石からガラスへ伝達され、ガラスにひびが入るに至る。電気湯沸かし器で水を熱すると、エネルギーが電熱線から水へ受け渡される。保存量が一つの場所から別の場所へ受け渡されることから、このような理論はしばしば物理的伝達理論、あるいは単に伝達理論と呼ばれる。

因果性を物理的なプロセスとして理解することによって、共通原因というよく知られた問題を解決することができそうである。しばしば、一つの原因が二つの異なる結果を持つことがある。するとそのとき、それら二つの結果が相関しており、反事実条件的に依存しているように見える。たとえば、気圧が下がることは、気圧計が下がることと、後で雨が降ることの二つを引き起こす。このことに問題があるわけはない。だが因果性の理論によっては、これが問題であるかのように見えてしまう。つまり、気圧計が下がることが、雨が降ることを引き起こしたかのように見えてしまうことがありうる。たとえば規則性説をとってみよう。気圧計が下がることと雨が降ることのあいだには恒常的連接性があり、気圧計が下がるのは雨が降るよりも前であり、雨は気圧計と同じ場所で起こるということがありえそうである。するとこの事例は、原因の規則性説の定義を満たすことになりそうである。同様に、雨は気圧計が下がることに反事実条件的に依存すると論じることもできるだろう。つまり、気圧計が下がるのでなければ、雨は降らないのである。

この事例がまがいものであることは、まず間違いがない。これら二つの出来事が恒常的に連接している理由は、一方が他方を引き起こすからではなく、両者が気圧の低下という共通原因を持つからである。そしてこのことは、雨が気圧計が下がることに反事実条件的に依存する理由でもある。しかし、ここに共通原因があると主張するためには、私たちは、恒常的連接性や反事実条件的依存性とは異なるものとして、原因というものを考えることができるのでなければならない(ただしこのことは、これらの理論の擁護者が、別の仕方でこの問題を回避できると考えることを否定するものではない)。物理的伝達理論では、これに次のように答えることができる。すなわち、気圧の低下と気圧計が下がることのあいだや、気圧の低下と雨のあいだには、一連の物理的な結びつきがあるが、気圧計が下がることと雨のあいだには、それがないのである。

相互性

このようなエネルギー伝達説のもう一つの長所として、因果性が非対称性を示すように見えることに対応でき、それに説明を与えてくれる点が挙げられる。次のことを思い出してほしい。ラッセルは原因という哲学的概念を、それが彼が物理学には見いだしえなかった非対称性に訴えているという理由で、疑わしいと考えたのであった。しかし彼は、もっとよく探す必要があったのではないだろうか。伝達理論によると、結果はエネルギーなど、何らかの保存量を獲得する。原因はそれを失う。したがって、因果性には向きがあることになる。エネルギー、運動量、電荷などが、原因から結果へと伝達されるのである。

このことはこの理論にとって都合のよいことに見えるが、やがてそれは問題の種となる。伝達理論は因果性の向きを常に正しくとらえているであろうか。氷がグラスの中の飲み物を冷やすという事例を考えてみよう。氷が冷やすと言うとき、私たちは因果的な用語を用いており、氷に因果性を帰属させている。つまり、氷が飲み物に対して何かを行っているとみなしている。しかしエネルギーは、グラスと液体と氷から成るこの「系」において、その方向で伝達されているのではない。すると私たちは、氷が飲み物を冷やすと考えてはいけないことになる。

これに対してはさまざまな答え方が可能である。伝達理論には多数の異なったものがあり、それらはいくつかの細部に関して違う見解をとっている。一つのありうる答え方は、氷が飲み物に対して何かをしているというのは、見かけ上のことにすぎないとすることである。それはある方向を持つ因果性のように見えるが、実は逆の方向の因果性なのである。実際には、液体が氷を溶かしている。液体が氷に運動エネルギーを伝達し、そのプロセスにおいて氷を溶かすのである。このように、このプロセスには真なる科学的説明があって、通俗的な理解は無知にすぎない。氷が飲み物を冷やすというのは誤った見方である。

もう少し譲歩して、どちらの向きにエネルギーが流れるかは関係がないと言うこともできるだろう。AとBのあいだに保存量の伝達があるかぎり、それがどちらの向きであろうと、そこには因果性がある。つまり、エネルギーがAからBに伝達されようと、BからAに伝達されようと、因果性は生じているのである。

このような妥協の問題点は、因果性の向きという伝達理論の特別な利点と思われたものが、再び失われてしまうことである。とはいえ、それは高すぎる代償ではないかもしれない。因果性は常に相互性を伴うという、おそらくニュートンの運動の第三法則にひらめきを得た見解もある。*1 因果性とは、結果の方を変化させるだけのものではない。原因の方にも、等しい大きさで逆向きの変化が加わる。したがって、手球がその運動量のいくらかを的球に受け渡すとき、それは自らの運動量のいくらかを失う。したがって、的球が動くことが手球によって引き起こされる一方で、手球が速度を落とすことが的球によって引き起こされる。飲み物の中の氷の例でも同じことが見られる。飲み物が氷を溶かす一方で、氷が飲み物を冷やすのである。

拡張できるか

以上の理論は、球が衝突する、窓が粉々になる、氷の塊が溶けるといった、これまで取り上げてきた事例に関してはそれなりに説得力があると思われるかもしれない。だがこれは、あらゆる因果性について、因果性とは何であるのかの理論だったはずである。つまり、小規模な物理的プロセスの例だけでなく、一般に、因果性とは何であるのかを明らかにしてくれなければならない。その点での説得力はどの程度であろうか。

大規模なプロセスで、この理論が通用しそうに思えるものも確かにある。たとえば太陽が地球を暖めるのは、宇宙空間を超えて地球までエネルギーを伝達することによってだと言えるだろう。しかし、やはり因果的と思われる他の事例のいくつかについてはどうであろうか。歴史上、フェルディナント大公の殺害は第一次世界大戦を引き起こした。経済で、通貨供給量を増やすことはインフレ率の上昇を引き起こす。心理学において、幼児体験は成人後の人格を形成する。これら多様な因果性の事例を、エネルギーであれ運動量であれ、何らかの量の伝達に帰着させることは可能だろうか。

ここで、今挙げた例は前に論じた例と比べて、複雑さの程度が違うだけだと言う誘惑に駆られるだろう。歴史において論じられる種類の出来事は、それを構成する諸部分として、小さな因果作用をおそらく数えきれないほど多く含んでいる。それらの各々は、単にエネルギーがあちこちで伝達されることではないのだろうか。

しかし、そこで要求されるであろうたぐいの複雑性は、途方もないものとなるだろう。それが全部、最終的に計算し尽くせると信じる十分な理由があるだろうか。経済における因果性のほとんどは、物理的に存在するお金が受け渡されることですらない。多くの取引では、コンピュータ上にある口座の中で数字が変わるだけである。さらに、価値の上昇や下落に関する期待、価値の上昇や下落に関する他の人々の期待に関する期待といったことが大きな重みを持つ。ここにおける因果的なプロセスは、経済学の説明体系に則って理解することはそれほど難しくなさそうだが、それをエネルギー量の受け渡しという観点から完全にとらえなおすことは、とうていできそうなことには思えない。

次に、心理学の例が持つ物理的な複雑さについて考えてみよう。心理学の説明概念のもとでは、因果性は比較的容易に把握できるように思われる。信頼を裏切られたり、社会的な排除を受けたりすることにより、トラウマが引き起こされることがある。だが、これをエネルギー伝達という物理的なプロセスの観点から再構成するには、いったいどれだけのものが必要となるであろうか。信頼を裏切られたという簡単な概念でさえ、物理的な複雑さの点では相当なものになるだろう。というのも、それには、ある人が他の人に関して抱いている信念の説明が必要になるであろうが、その信念は、当の人間関係をその人がどう思っているかという歴史的な文脈に置かれているとともに、人間関係一般において許容されるふるまいに関する共有された規範という社会的な文脈にも置かれているのである。このことすべてをエネルギー伝達によって説明することが、本当にできるだろうか。何がどこに向けてエネルギーを受け渡しており、そのことがここでの因果性に何の関連があるのだろうか。エネルギー伝達は本当に因果性の説明になるだろうか。

トムはティナのことが好きで、ティナはトムのことが好きだとしよう。ティナは偶然、トムの膝にふれ、トムは顔を赤らめる。ここには何らかのエネルギー伝達がある。ティナの手がトムの膝を押すとき、前者は後者にエネルギーを受け渡すのである。だがこのことはどうやって、トムが顔を赤らめることの説明になるのだろうか。ロンもまったく同じ仕方でトムの膝を押し、まったく同じ量のエネルギーを及ぼすことができただろう。だが、それでトムが顔を赤らめることはなかっただろう。トムが顔を赤らめることを説明するには、心理的、社会的、生物的、性的など、無数の他の要因を考慮に入れなければなるまい。それらすべてをエネルギー伝達によって説明することができるだろうか。それができるという考えは、控えめに見ても疑わしいと言わなければならない。そして、仮に原理的にはそのような説明が手に入るとしても、それはおそらく私たちの手には負えず、まったく理解できないようなものであろう。

基礎的なものに還元する

因果性の物理的伝達理論の論者を動機づけているであろう一つの考え方は、還元主義である。実際、そのような立場に与しているがゆえに、この理論の擁護者は、上述の例に直面してもなおその考えを変えないでいるのではないかと思われる。

還元主義とは、より高いレベルの現象はすべて、より低いレベルの現象によって説明され、そして何らかの低いレベルの現象は基礎的だという見解である。機械論哲学はそのような例の一つであろう。鳩時計の針が回ること、そして一時間ごとに機械仕掛けの鳥が小さな扉から姿を見せることなどは、観察することの可能な高レベル現象である。だが、私たちが知っているように、そのメカニズムの内側を見れば、小さい部品が動いているのが見え、それらがどのようにつながっているかを見ることができる。そして針が回ったり鳥が姿を見せたりすることは、それらによって説明されるのである。

時計内部の部品のいくつかは、それ自体がさらに小さい他の部品からできていることがある。還元主義者の考えでは、相対的に高いレベルのメカニズムはどれも、より低いレベルで説明できるはずだということになる。だが最終的には、自然界にはこれよりも低いレベルはないという最低レベルに至る。それはおそらく、原子よりも小さい粒子のレベルである。この最も低いレベルは、より高いレベルで起こるものごとを説明することができると考えられるが、その最低レベルに属する対象のふるまいを説明してくれるような、さらに低いレベルは存在しない。

ところで、還元主義者の多くはおそらく、科学の諸分野で還元が成功したように見える例がいくつかあることに触発され、科学の精神に促されているのであろう。だが、還元主義は一つの哲学的な理論であることに変わりはなく、経験的な証明が与えられているわけではない。生化学の成功に感銘を受け、だから生物学は化学に還元可能なのだと考える人もいるだろう。しかし、仮にそれが全面的な成功だと認めたとしても、どのように還元を遂行すればよいかが依然として示されていない分野はまだ他にいくつもある。だとすると、還元主義はどのような論証に依拠しているのだろうか。現状では、基礎物理学がより高いレベルの因果性のあらゆる事例を説明できるわけではない。

そこで還元主義者は、完成された完全な物理学があれば、他のあらゆるものごとがそれで説明できるようになるという仕方で自らの見解を述べることがある。だが、証拠がすべて出そろったわけでもないのに、そのようなことを信じる根拠は何であろうか。これは、一握りの事例を前提とした帰納的推論なのだろうか。それはあまり安全な推論とは思えまい。しかも、このような経験的な事柄について最初から決めつけるのは、科学的な精神とはとても言えない。還元主義はむしろ、作業中のプログラムのようなものとみなすべきではないだろうか。つまり私たちは、それに則ってどこまで進めるかを見極めるべく探究しているところであり、それを真理と断定しているわけではないのである。こう考えれば、この見解はいくぶん謙虚なものとなる。

還元主義の立場は、これ以外にもいくつかの困難な概念上の課題に直面せざるをえない。その一つは、私たちの知るかぎり、自然界には最下レベルがないかもしれないというものである。純然たる哲学的原理として、世界にはこの下はないという最下レベルがあり、あらゆるものごとはそれに依拠しているはずだと考える理由は存在しない。また、推論によって最下レベルの存在を知ることができないのとちょうど同じように、それは感覚に与えられる証拠から知ることのできる種類のものごとでもない。問題は、あるものが複雑であることはそれに部分があることを見れば知ることができるが、あるものが単純であることは決して知ることができないという点である。まだ検出されていない、隠れた部分がないとは言い切れないからである。たとえば、CERN(欧州原子核研究機構)で行われている研究のいくつかは、単純と思われていた粒子が実は部分を持つかどうかを確認しようと試みるものである。

とはいえこの問題だけならば、還元主義にとって致命的ではないかもしれない。還元主義者は、より高いレベルの現象はより低いレベルの現象によって説明されると主張しつつ、それよりも低いレベルのない最低レベルの存在を否定したり、その存在については不可知論をとったりすることができるからである。しかし、もう一つの問題は避けられない。それは、還元主義は自然界に対する階層的な見方を必要とするということである。つまり、自然界には多様なレベルがあり、相対的に低いものは高いものに対してより基本的で、その説明になるのである。だが、そのような多様なレベルとはいったい何であろうか。それらはどのように定義され、境界線はどこにあるのだろうか。気象学は経済学よりも基本的なのだろうか、それともその逆なのだろうか。そして、こうしたことは世界についての事実なのだろうか、それともむしろ、私たちの説明上の実践に関わることなのだろうか。

創発説の発生

ところで、物理主義と還元主義は同じものではない。このことは明確にしておく必要がある。確かに、物理主義者の中には還元主義に好意的な者もいる。だが、物理主義者が還元主義の見解を採用することは不可避ではない。

もう一つの見解として、創発主義と呼ばれるものがある。それによると、より高いレベルに属するある現象が、そのレベルで「創発する」ことがありうる。つまり、より高いレベルのその現象は、より低いレベルに属する諸要素の総和にすぎないわけではない。それゆえ創発する現象は、より低いレベルに訴える説明が原理的にすらできないような、何らかの特徴を持つことがありうる。創発主義の中には、反物理主義的な形態のものもある。心と心的現象についての創発主義者はその一例で、その見解によると、心とは非物理的で、物理的な説明のできないものということになる。他方、創発主義には別の形態もあり、それは、より高いレベルの物理的なものごとはより低いレベルの物理的なものごとの総和にすぎないわけではなく、前者を後者によって説明することもできない、と言うだけのものとなる。それによると、より高いレベルの現象はむしろ分割できない全体ということであってよい。この見解には全体主義という用語をあてることができるだろう。

どうしてこのようなことを考える人がいるのだろうか。より高いレベルの存在者が、実際、一定の仕方で配置されたその要素の和以上のものでない場合もある。鳩時計はそうであろう。だが他の場合には、いくつかの要素が集まって全体を構成する際に、要素間で相互作用が生じて互いを変化させることがある。化学合成はしばしばこの種の変化を示す。二つの元素が集まって結合すると、そのことは構成要素の化学的性質に影響を及ぼし、できあがった全体は非常に異なった性質のひとそろいを持つことになる。*2 たとえば、ナトリウムと塩素はどちらも危険で有害だが、それらが一定の比率で化学的に結合すると、塩化ナトリウムつまり食塩ができる。これは一定の分量ならばまったく無害であり、その構成要素は致死的であるにもかかわらず、人間はそれなしで健康を保つことができない。

もしこのように、食塩の性質はその構成要素の性質から創発するものであり、要素の因果的パワーとは非常に異なる因果的パワーのひとそろいを持つのだとすると、経済学、心理学、生物学、社会学などの領域における因果的パワーもやはり創発的であることをいったいどうして否定できるだろうか。

だが重ねて言うと、これは物理主義自体への異論ではない。それは、ある種のより高いレベルの現象は全体主義的に扱われるべきだと指摘しているだけである。それらの現象を分解すると、その全体が保持していた因果的な役割は失われてしまう。その意味で、それらは不可分な統一性を持ちうる。そうだとすると、因果性も全体のレベルで成り立ちうることになる。このような説は、経済的な原因は経済的な結果を持ち、生物学的な原因は生物学的な結果を持つというように、因果的な説明は領域固有であるべきだという考え方となじむ。そしてもしそうだとしたら、それらの領域における因果性を、エネルギーや他の何らかのミクロレベルにおける保存量の伝達だけに訴えて説明することは、不可能ということになるであろう。

パワーを持つ

因果性を、全体のあいだでも成り立つものと考えると、それは少しだけ扱いやすくなる。たとえば人間は、因果性をはたらきかける側にも立つし受ける側にも立つものである。たとえばある男が岩を持ち上げるパワーを持っているとすると、私たちは彼を自由意志を持つものと考える。これは創発的な因果的パワーで、人にのみ帰属させられるものであり、たとえばニューロンなどには帰属させられないと考えてはどうだろうか。

自由意志の存在に否定的な人は、あらゆる物理的なプロセスは事前の原因によって決定されているということを指摘するものである。だが、因果性が領域固有のものだとすると、このことは必ずしも自由意志を損なうものではないと言えるかもしれない。岩を持ち上げるのは男である。それは彼の腕でもなければ、ましてや腕の中の分子でもない。そして、還元主義者にならずに物理主義者になることができるのとちょうど同じように、還元主義の敗北は伝達理論の終焉を意味するわけでもないだろう。伝達されるものは、相対的にマクロなレベルにおける何かであってよいのである。

＊1　ニュートンの運動の第三法則とは、いわゆる作用・反作用の法則のことである。

＊2　現在は、原子の内部構造が解明されたことにより、化合物の性質はその構成要素の性質と結合の仕方から十分に予測や説明ができる。だがそれが可能となる以前の時代には、化学結合は創発性の事例として言及されることがあった。Brian McLaughlin, "The Rise and Fall of British Emergentism", in A. Beckermann, H. Flohr, and J. Kim (eds.), *Emergence or Reduction?*, Berlin: De Gruyter, 1992 参照。

第7章　多元主義

異なる多くの因果性があるのか

私たちはこれまで、因果性の理論として提案された三つのものを見てきた。すなわち、因果性は規則性に存するというもの、反事実条件的依存性に存するというもの、そして物理的な量の伝達に存するというものである。だが私たちは、これらの理論のどれに対しても反例があることも見てきた。つまり、定義とされるものを満たすにもかかわらず因果性に見えないものや、逆に因果性に見えるにもかかわらず定義とされるものを満たさないものがあった。すると、それらの理論は因果性の定義として間違ったものを提案していることになるのだろうか。あるいは、循環的でないどのような定義も必ず反例にさらされるということがあるのだろうか。

各理論は、因果性の事例のいくつかを、あるいはことによるとほとんどのものを見分けるに足りるほどうまくできている。例外は確かにいくつかあるかもしれないが、一般に、因果性がある程度の規則性や反事実条件的依存性、エネルギー伝達を含むことは十分に明らかだと言えそうである。問題は、各理論には一つか二つ、パターンにあてはまらない事例があることだと思われる。だが私たちはこのことから、それらの理論はみな誤りだと考えるべきであろうか。むしろ、一つの理論に多くを期待しすぎだということはありえないだろうか。

ここには、因果性とはただ一つのものごとであり、その本質を発見することこそが私たちのなすべきことだという前提がある。この前提に異論を唱えてもよいのではないだろうか。私たちはよく、単一の語を使って異なる多くのものをひとまとめに分類する。哺乳類であるという例を考えてみよう。哺乳類と呼ばれるものには、異なる多くのものがある。クジラ、人間、牛などである。クジラと人間にはかなり大きな違いがあり、哺乳類ではない魚の方が哺乳類である人間よりもクジラによく似ている。因果性も同様に、異なる特徴を持つ個別の諸事例に幅広い多様性があることを許容するのではないだろうか。これが多元主義者の言い分である。

多元主義者に言わせれば、これまで検討してきたどの理論にも反例があったのは、それらがみな、恒常的連接性であれ何であれ、何か一つのものごとに因果性を帰着させようと試みていたからである。それらの理論のどれも単独ではうまくいかないのだとしたら、その選言をとってみてはどうだろうか。すると因果性の多元主義理論の言うことは、形式的には次のようになる。すなわち、それぞれすべてではないがいくつかの事例にあてはまる異なる理論a、b、c、dがあるとき、私たちは代わりに因果性をそれらの選言とみなすべきである。つまり因果性とは、aまたはbまたはcまたはdである。因果性が多様な現象だとすれば、その事例のいくつかは恒常的連接性を伴う一方で、他の事例は代わりに反事実条件的依存性やエネルギー伝達、あるいはその他何であれ必要なものに存することになるだろう。

引き起こすことのさまざまな姿

私たちは日常の言葉として、「引き起こす」という語を使うことはめったにない。まずこのことを認めよう。現代の多元主義者ナンシー・カートライトは、あるものごとが別のものごとを引き起こしうる仕方は無数にあることに注意を向けている。私たちは、ある人がトマトを切った、ボールを蹴った、友人を侮辱した、羊を驚かせたなどと言う。それらはみな行為者性、つまり人間が行ったり引き起こしたりできるものごとの個別の事例である。また、行為者性ではない事例に目を向けても、やはり同様のことが見られる。釘がタイヤをパンクさせた、石が窓を割った、風が木をなびかせた、感染が指を腫れ上がらせたなどである。このように、存在するのは多様な出来事やプロセスである。つまり、切ること、蹴ること、侮辱すること、驚かすこと、パンクさせること、割ること、なびかせること、腫れ上がらせることなどである。

世界で実際に生じているのは、以上のようなものごとである。因果性とはおそらく、それらをひとまとめに分類するために使われるラベルにすぎない。しかもその分類は、哲学者しか関心を持たないようなものかもしれない。哲学者だけが、より自然な「あなたは羊を驚かせた」という言い方をせず、「あなたは羊が驚くことを引き起こした」などと言ったりするのである。因果性について哲学的に語る際には、因果的な動詞として多くのものが引き合いに出されるように思われる。影響を及ぼす、産み出す、妨げる、決定する、制御する、干渉する、反作用する、強める、増やす、減らすなどである。

因果性はそれらの総和以上のものではないのかもしれない。

さらに、因果性の問題は放置しておくのが科学的明晰さのために最もよいと考える人もいる。たとえば科学者は、ランダム化比較試験を実施する場合、治療法Tを行うと、行わないよりも統計的によい回復率があったとだけ主張するように教えられる。Tが回復を引き起こすとは言うべきでないとされており、それはおそらくその言い方が形而上学的な主張をするものと受け取られているためである。ある治療法で統計的によりよい回復率があると主張するぶんには、少なくとも何を言っているのか明晰だという考え方であろう。因果性とは何かについて、異論のない理論など実は一つもないのだとしたら、Tが回復を引き起こすと言ったところで何の足しになるだろうか。それはただ話を混乱させるだけである。

ウィトゲンシュタイン、ソクラテスに挑む

ルートヴィヒ・ウィトゲンシュタイン(一八八九―一九五一)に言わせると、あるものごとに対して一つの語が使われているというだけの理由でそれには単一の本質があるはずだと想定するのは、哲学者の誤謬である。この誤謬はソクラテスの哲学的方法にまで遡ることができるが、ソクラテスは、その思想が現在まで残存しているまさに最初期の哲学者の一人である。

プラトンの著作にまとめられているように、ソクラテス(紀元前四六九頃―三九九)は、「善とは何か」「正義とは何か」「愛とは何か」といった問いを発した。これに対して、借金を返すのが正義だという

ように具体例を示されても、それは正しい種類の答えではないとソクラテスは言い張るのだった。それは正義の一例ではあるかもしれないが、彼が知りたいのは、あらゆる事例を通じて一般に、正義とは何なのかであった。

多くの哲学者が、この種の問いに答えようとするソクラテス的伝統の枠組みにとどまってきた。そして因果性の哲学的理論も、そのようなものとして模索されてきた。因果性とは恒常的連接性に時間的先行性と近接性を加えたものであるという言明はその一例である。そこでは、これは因果性のあらゆる事例に共通することであり、それこそがあらゆる個別の例を因果的なものとするのだと主張されているのである。

このソクラテス的伝統への大きな挑戦が、ウィトゲンシュタインの後期の著作『哲学探究』(一九五三年)でなされた。ウィトゲンシュタインは、私たちの概念のいくつかは家族的類似性概念として考えることができると述べた。家族的類似性概念とは、さまざまな異なるものをそれらのあいだにある類似性に基づいてひとまとめにする概念のことである。だがその際、それらすべてが共有するただ一つの本質は存在しない。

どこにでもいるような家族を考えてみよう。私たちは概して、その成員である各個人がその家族に属するかどうかを言い当てられるものである。たとえば、家族の成員五人中、三人は赤い巻き毛の髪をしているが、残りの二人はそうではない。またたとえば、その家族特有の曲がった鼻があるが、やはり五人全員がそういう鼻をしているわけではない。さらに、ほとんどの人は茶色の目をしているが、これも全員ではない。このように、この家族のただ一つの「本質」というものはない。つまり、彼ら全員が共有しており、各人をこの家族の成員たらしめているただ一つの特徴は存在しない。にもかかわらず私たちは、彼らをその家族の成員として認識することができる。その類似性がどこにあるのかを正確に指摘することすらできないかもしれないが、それでも私たちは、各人をこの家族の成員と認識できるようにするに十分な類似性があると思うのである。

ウィトゲンシュタイン以降の哲学者は、さまざまな問題に関連して、そこには家族的類似性概念が関わっているのではないかと考えた。それゆえ、因果性も家族的類似性概念ではないかと思うのは自然なことであろう。スタシス・シロスはエリザベス・アンスコムの流れを継いで、そのような議論を行っている。恒常的連接性は因果性のいくつかの事例に伴うが、すべての事例ではない。時間的先行性、近接性、エネルギー伝達、違いを生じさせることなども、いくつかの事例に伴うがすべてではない。これらの特徴のどれ一つも、因果性にとって必要でもなければ十分でもない。それゆえ、因果性の事例であっても、これらの特徴のうち一つかそれ以上を持たなくてよいものもありうるし、因果性の事例でないのに、それらの一つかそれ以上を示すものもある。だが、因果性の事例であるものは、これらの特徴を十分に多く持つことにより、それを因果的と認識できるようなものであろう。

原因にはいくつの種類があるのか

最近の多元主義の見解として、ネッド・ホールのものがある。彼は、因果性には二つの概念だけで足りるだろうと考える。すなわち、因果性は違いを生じさせることか、産出することかのどちらかである。単に、たった二つの特徴の選言でよいというのである。

彼の言うところによると、いくつかの事例では、重要なのは原因が結果を産出したことであり、違いを生じさせたのではなくてもかまわない。先に見た、線路にヘラジカがいて列車の遅れを産出したが、ただし信号も赤で止まった状態になっていたという事例はこれにあたる。この場合、ヘラジカは結末に何の違いも生じさせなかったと言いうるが、しかし結末を産出したことに変わりはない。同様に、七人から成る銃殺隊が人質に向けて各々発砲するならば、私たちはその個々の弾丸のそれぞれについて、それが当たらなかったとしてもどのみち他の六発によって同じことになったのだから、違いを生じさせているわけではないものの、やはり犠牲者の死を産出していると言うことができる。

しかしホールの見解によると、因果的産出だけでは十分でない。産出がないにもかかわらず、違いを生じさせることによってはたらく因果性もあるからである。医者が患者に今ちょうど救命薬を投与するところだが、この患者には敵がいるとしよう。この敵が患者の死を引き起こすためにとれる方法の一つは、医者が薬を与えるのを妨害することである。妨害とは、産出なしに違いを生じさせること、つまり潜在的な産出を妨げることである。

ホールの多元主義は、因果性の概念として二つだけを提案するものであり、あるものごとはそのどちらかであることによって、因果的であることの資格を満たす。だが、もっと複雑な図式をとる者もいる。ホールの二つの概念は、おおむね、私たちが物理的伝達と呼んだものと反事実条件的依存性と呼んだものに対応する。だがすでに見たように、ヒュームのもともとの規則性説もあるし、他にもまだ理論はある。すると選言が、二つだけでなく、それよりも多くの選言肢を持つこともあるだろうか。因果性は、aまたはbまたはcまたはdであるのかもしれない。さらに、選言がまったく終わりのないオープンなものである可能性はあるだろうか。つまり、私たちはまだ巡り会ってすらいないが、もし発見されたら因果性のリストに追加されるであろうような種類の因果性もあるかもしれない。

また、長いリストにさまざまな種類の原因を並べることを容認すると、では因果性の資格を満たすにはどうすれば足りるのかというさらなる問いに答えなければならなくなる。哲学者は伝統的に、選言が真なのは、その選言肢の少なくとも一つが真の場合、そしてその場合に限ると考える。だから、aまたはbまたはcは、それら三つのうちたとえばaだけが真でも真であることになる。

しかし私たちがここで議論しているのは、純粋な論理学上の事柄ではない。因果性の目印となるものが多数あったとして、そのうち一つだけでも満たせば原因の資格を持つに十分だと言いたいであろうか。むしろ、因果性に固有の特徴にはさまざまなものがあり、あるものごとが原因の資格を得るには、その必ずしもすべてではないが十分に多くの項目を満たさなければならないと言ってもよいだろう。たとえば、空間的近接性は因果性の目印の一つであろう。だが、遠隔的な直接の作用というものがもしあるとしたら、すべての事例がそれを必要とするわけではない。また他方、因果性の他の目印が何も伴っていない場合に、空間的近接性だけであるものごとを因果的たらしめるには足りないだろう。

アリストテレスの四原因

アリストテレス(紀元前三八四―三二二)は、原因には四つのものがあると述べた。今ではそれらは質料因、形相因、作用因、目的因と呼ばれる。すると彼は最初の多元主義者だったのだろうか。

アリストテレスの考えでは、因果性のいかなる事例も、これら四つの原因のすべてを含むことになる。それらの原因のうち二つ、質料と形相は、個別の対象それぞれに内在的である。質料因とは、あるものがそれからできているその物質のことで、因果的プロセスではそれが変化を蒙る。彫って椀になる木材や、溶かしてスプーンの形になる金属などがそれにあたる。形相因は、その物質がとる形、つまり椀であることやスプーンであることに関わり、その機能と関連している。

しかし、質料因と形相因では変化を引き起こすに十分でない。何らかの外在的な原因も必要であり、それが変化を開始させる作用因である。椀の例であれば、彫る人が誰かいなければならないし、刃物もそれと同列である。アリストテレスはまた、目的因、つまりその変化の最終的なねらいや目的があると考えた。たとえば、椀はスープを入れるという目的のために作られたのである。

私たちはアリストテレスの四原因をさまざまな仕方で理解することができる。もはや、それらがすべて原因であるとは認めない者もいる。今日、主に用いられている因果性の概念は、アリストテレスが作用因と呼んだ概念を発展させたものである。では他の三つについてはどうであろうか。それらは説明上有益ではあるが、真正の原因ではないと考える者もいる。他方、それらは因果性が生じるための四つの条件として、どれも必要なものだと考える者もいる。現在、因果性を研究している哲学者のほとんどは、目的因は余計だと考えているようである。だが、進化的な成功が生命の究極的な目的だと考えられたりするように、生物学の関連ではときどき再登場してくる。

アリストテレスの四原因は、変化の因果的産出においてそれぞれ異なった役割を演じる。しかしこれは、因果性についての多元主義者であることと同じことだろうか。たとえば、作用因はエネルギー伝達と関わるが、質料因は違いの作り手であり、形相因は規則性と関わるなどと言えるだろうか。それとも、因果性はどの事例でも同じもので、違いの作り手や必要条件といった、そのおかげでそれらの事例すべてが因果性とみなされるような何かがあるのだろうか。だが、因果性の諸事例は多様な現象の寄せ集めで、せいぜい漠然とした家族的類似性を示すにすぎないのかもしれない。

詐称者

何の話題の関連であれ、家族的類似性概念には一つの問題がある。それは、類似性だけでは足りないように思われることである。家族には詐称者が紛れ込む可能性がある。詐称者とは、家族の成員といくらか似て見えるが、本当はその一員でない人のことである。クジラは魚の多くと似ているが、魚の家族に属さない。このように、類似性だけでは詐称者を排除するのに十分だと思えないのである。しかすると諸事例は、類似していると同時に、同じ家族の成員であることが必要だということになる。しかしこの後者の課題は、問題をまさに振り出しに戻してしまう。その家族の一員であるとはどういうことかがわからないままだからである。

哺乳類の場合、人間、クジラ、牛など、類似性を示す「家族」にはかなりの多様性があるものの、それらを統合する何か一つのものがあると言える。これら多様なものが哺乳類という家族の成員なのは、子どもを生きた状態で出産して乳を飲ませることによる。魚がある特定の哺乳類と類似しているにもかかわらず哺乳類でないのは、この特徴を備えていないからである。

因果性に関しても何か同じようなことを言えるであろうか。私たちは、因果的な相関性と、単なる偶然の相関性とを区別できるものと思われる。すると、偶然の相関性は因果性の詐称者とみなすことができよう。もし、類似した事例のすべてが、まさにこれのおかげで、単に因果性のように見えるのではなく実際に因果性の事例になるのだという何かがあるならば、きっとそれは、原因であるとはどういうことなのかを示してくれる。その場合、私たちは因果性の本質、つまり因果性を定義する何かを見いだしたことになるだろう。

他方、多様な諸事例のすべてを統合するものが何一つないとしたら、それらはいったいなぜ、本当に統一性のある家族とみなされるのだろうか。いかなる原理に基づいて、詐称者を入れたり除外したりできるのだろうか。

正しい推論をする

私たちが原因と呼ぶ多様なものごとすべてを統合するものは何であろうか。世界の側に因果性の本質があると暗黙のうちに了承することなくこれを説明しようとする試みが、少なくとも一つある。すなわち、因果的な真理のすべてに共通しているのは、私たちがそれを用いてある特定の種類の推論をすることなのである。

マッチが擦られたならば、それに火がつくだろうと私たちは推論することができる。窓に石が当ったら、窓が割れるだろうと推論できる。通常の多元主義の立場と同様、これらの推論はさまざまな個別の種類の出来事に関わるものであり、それらすべてに共有された本質が世界の側に存在することは想定しない。したがって、それらすべてに共通する、因果性と呼びうる何かは存在しない。ところが私たちは、一つの自然現象を別の自然現象でもって説明したり予測したりすることがあり、その中で用いられるものごとを因果的と呼ぶのである。するとアリストテレスの四原因もそのようなものとみなせるかもしれない。

この推論主義の立場は、このようにして、多元主義に対する批判の一つの形態を回避する。その批判はジレンマの形をとることができる。すなわち、類似している家族を統合し、そのおかげでそれが因果性という家族になるような何かは存在しないか、あるいは、その家族を統合する何かがあるとしたら、それは因果性の本質と大差ないものになってしまいそうか、そのどちらかだというジレンマである。推論主義の見解は、原因という家族を統合するに際して、その本質が心とは独立に世界の側にあることに依拠するのではなく、私たちが思考の中でそれをいかに用いるかという認識論上の事実に依拠しようと試みるのである。

しかしこれには明らかな問題がある。この見解では、あるものごとを因果的たらしめるのは、世界それ自体に関する事実ではなく、世界に対する私たちの見方に関する何かであることになる。あるものごとを因果性と呼ぶことは、私たちがそれについてどう考えるか、そして私たちが推論を行う際にそれをどう利用するかについて、何事かを述べるにすぎないことになる。

すると推論主義者は、多元主義が直面したジレンマは回避したが、こんどは別のジレンマに直面したことになる。つまり、それらの推論は実は私たちの思考に関するものにすぎないのか、あるいは、それらは世界それ自体の中で生じているものごとに関わるのか、そのどちらかだというジレンマである。前者だとすると、推論主義は因果性についての反実在論の一形態となる。それは因果性を、私たちの思考の特徴、もしかしたら想像力の産物にすぎないものにしてしまう。後者だとすると、やはり世界に関する何かがあって、そのおかげでそれらの推論は有益だったりおおむね信頼できたりするのではないだろうか。私たちがある種の事実から他の種の事実を推論するのは、その推論がたいてい確証されるからにほかならず、そして、なぜそうした推論が確証されるのかの最も合理的な説明は、結局、それら二つの現象が因果的に関係しているからということになるのではないだろうか。

具体例を考えてみるとよいかもしれない。マッチを擦ることからそれに火がつくことを推論するのは有益だが、マッチを擦ることからそれが蒸発することを推論するのは有益ではない。これはなぜだろうか。第一の種類の推論が有益なのは、マッチを擦ることはそれに火がつくことを引き起こすからであり、第二の種類の推論が無益なのは、マッチを擦ることはそれが蒸発することを引き起こさないからだ、というのは合理的な説明であろう。

このことから、因果性を推論それ自体と同一視すべきではないことが示唆される。因果性は世界の中にあって、推論を信頼できる有益なものたらしめるものであろう。すると、まさにそれこそが因果性だということになるのだろうか。因果性は結局、ただ一つの定義的な特徴ないし本質を持つことになるのだろうか。そうだとすると、多元主義は敗北を認めただけに見えるであろう。私たちは、因果性の適切で包括的な理論を見いだす試みを早く諦めすぎたのだろうか。探究することのできる選択肢はまだ他にもある。

第8章 原初主義

因果性は最も基礎的か

因果性は定義不可能だということはないだろうか。それは最も基礎的で基本的なものごとの一つではないだろうか。その場合、他の概念が因果性によって定義されることはあるかもしれないが、因果性それ自体は原初的であることになるだろう。

私たちは当初、因果性についての説として、実質的にその分析となるようなものを求めた。分析とは、一つのものを他のものに還元し、それによって説明することである。ところが、私たちが見てきた理論はどれも説明のギャップを残すように思われた。その理論ではとらえられない因果性の事例があったり、因果性には見えないのに、その理論によると因果性だと規定されるものがあったりした。すると、それらの理論がどれも分析としては欠陥を抱えていたと考えられるなら、ここで可能な答え方にはいくつかのものがある。その一つは、前の章でその概略を見たもので、因果性とは多元的な概念であり、ある事例にはある理論があてはまり、別の事例には別の理論があてはまるという主張が試みられた。

しかし、これとは異なる種類の答え方もある。因果性はあまりに基本的なため分析不可能で、だから分析はどれも失敗せざるをえないのだと言ってはどうだろうか。つまり、因果性を何か他のものによって理解しようという私たちが着手した企ては、総じて失敗を宿命づけられているのである。だとすると、分析的な戦略は哲学ではたいへん一般的だが、この件に関しては的外れということになる。

これを分析せよ

すでに見たように、ウィトゲンシュタインは、あらゆるものごとは定義できるという考えに異議を唱えた。分析は、定義ということで意味されることとまったく同じなわけではない。分析は、言葉の意味の説明よりも、世界の中のものごとがどうであるかに関わる。哲学者は、単なる定義から、もっと世界に即した分析に関心を移すようになり、それが哲学という学問の中心的な課題であり続けている。二〇世紀初頭にはいわゆる分析哲学という分野の興隆さえ見られた。

何らかの厄介な哲学的概念を取り上げてみよう。たとえば知識でよいだろう。分析的プログラムは、これをその単純な構成要素へと分解する。ここで、何でもよいからあるものごとをPと呼ぶことにすると、それを知るとは、他のいくつかのより単純な事実から成る複雑なことである。これについての昔からある説は、Pであることを知るには、人aはPが真だと信じていなければならず、そしてPは実際に真であり、さらにaはPと信じることの正当化を手にしている、というものである。この具体的な分析の案が妥当かどうかについてここで論評するつもりはない。ここでやりたいことは、分析という方法をわかりやすく示すことである。この理論によると、知識というものは、他のものによって完全に明らかにされる。そしてこれに成功したとき、分析哲学者は、あるものを他のものに還元したと主張する。つまり知識とは正当化された真なる信念にほかならず、それ以上でも以下でもない。

このような還元が成功するには、循環があってはならない。つまり分析の中で、分析しようと試みている当のものごとに訴えることはできない。その場合、分析は失敗したことになる。ところがこれ以外の理由でも分析は達成されないことがありうる。つまり、分析される現象の中に、分析を通じて明らかにされないままに残る部分が少しでもあってはならない。分析が成功しているならば、知識について語ることは常に、正当化された真なる信念について語ることと同じことなのである。

因果性を単純に

哲学の歴史において、分析哲学は最近の流行だと思われるかもしれないが、以上の基本的なアプローチ自体はロックにまで遡って見いだすことができる。ロックは『人間知性論』で、私たちの観念の多くは単純なものから組み立てられた複雑なものだと語っている。たとえば黒猫の観念は複雑である。それは黒い、モフモフしている、四本足であるなどのより単純な観念を含む。他方、黒さの観念は完全に単純なものでありうる。また、それらの単純な観念を自由に使って、見たこともないものの複雑な観念を組み立てることもできる。猫を見たことがあり、紫色を見たこともあるならば、紫猫の観念を形成することができるが、もちろんそのようなものは決して存在しない。

このようにロック的な枠組みを採用するならば、次のように言うことができる。つまり、知識のようなものの観念は、一見そうは思えないとしても複雑な観念であり、より単純な観念、たとえば正当化、信念、真理の観念からできているのである。そして、私たちがどのようにして知識の観念を習得しうるのかを理解したければ、それらの単純な観念を獲得したもともとの経験を突き止める必要がある。信念のような観念は、それ自体がやはり複雑で、完全な単純さのレベルに達するまでにはさらなる分析の余地を残すかもしれない。このことから、分析的なアプローチは一つの批判を受ける可能性があることは言っておかなければならない。ある現象が分析されてそこに行き着くところの、完全に単純なものが存在しなかったらどうであろうか。どこまで降りて行っても、その次のレベルもまた複雑できりがないということはありうるだろうか。

ロックはイギリス経験論哲学の伝統の創始者だと言われる。その伝統によると、私たちの観念が正当なものとみなされるかどうかは、それをもともとの感覚経験にまでたどることができるかどうかにかかっている。ここで因果性の問題に話を戻すと、ロック流のアプローチは、私たちが因果性の観念を獲得するのはどのようなより単純な構成要素からなのかを問うものになるだろう。すでに見たように、ヒュームはロックの経験主義の企てを推し進め、ヒュームの業績の多くはまさにこの主題に関するものであった。

私たちは、これまでに検討してきたさまざまな理論を、何が因果性のより基礎的な構成要素であるかを示そうとする試みとして理解することができる。ヒュームの第一の理論を再び取り上げると、それは、因果性は複雑な現象で、恒常的連接性、近接性、そして時間的先行性という、より単純な現象から成るものとして余すところなく構成されるという主張として理解できる。だが、ヒュームの批判者が問題とするのは、この最後の「余すところなく」という部分である。批判者の主張によると、因果性には、これら三つの成分では汲み尽くせない何かがある。つまり、これら三つをそろえても、因果性にならないことがありうる。因果性ではない別のものごとを三つ集めても、それではとらえられない何かがあり、だからこの分析の案は失敗なのだと彼らは言うであろう。そして、この理論への反例はそれを明らかにしているのである。

こうしたことが、因果性の分析と称されるものすべてにあてはまるとしたらどうであろうか。それらはいい線まで行くかもしれないが、やはり因果性以外のものによっては十分にとらえられない残滓が常に出てしまうのである。そうなることにはおそらく相応の理由がある。因果性は本当は、還元不可能つまり原初的なのかもしれない。そしてこれが、原初主義ということの意味である。因果性には何か独特のものがあるのかもしれず、それゆえ、代わりに何か別のものを入れて因果性とまったく同じものになることは期待できないのである。もちろん、分析の中に何らかの因果的なものを入れることは、循環になるため許されない。

原初的になる

前章で、因果性の多元主義をとることは、敗北を認めただけなのかどうかを考えた。多元主義者によると、さまざまな理論が試みられてどれも失敗に終わったのだから、因果性ということで何か一つのものだけを意味していることはありえない。むしろ、異なるいくつかのものを意味しているはずである。さて原初主義者に言わせても、やはりどの分析も成功しないのだが、それならば単に、因果性は分析不可能だと言えばよいのである。だがこれはなぜ、敗北を認めただけにならないのだろうか。正しい分析を見いだすことができないと、その都度原初主義的な答えに頼るのは、少々安易すぎるのではなかろうか。怠け者は、分析を思いつくことができないと、それだけであっさり考えるのを諦めて、分析不可能と宣言するかもしれない。だとすると、あるものごとについて原初主義をとるには、いったいどのような根拠があればよいのだろうか。そこで導き手となる一般原理はあるだろうか。

原初主義者が自らを擁護するために用いうる議論の一つは、とにかく何らかのものを基礎的とみなす必要があるというものである。この考え方はロックの哲学においてすら成り立つが、より広く分析哲学で成り立つものである。人は何かについて原初主義者であらざるをえない。その何かが因果性であって、どこがいけないのだろうか。すでに述べたように、分析的アプローチのこの論点には異論の余地がある。世界がもし、どこまでも降りて行ける無限の複雑さを備えているならば、結局、何も基礎的ではないことになるだろう。もっとも、本当にそうなっているかどうかはよくわからない。もしかすると自然界には、私たちの知りうるかぎりではここが最も単純というレベルがあるかもしれない。そして因果性の相対的原初主義にはそれで足りる可能性もある。つまり因果性は、たとえその中に隠れた複雑さがあるとしても、少なくとも私たちの知るものごとでそれよりも単純なものは他にないという程度には単純かもしれない。ともあれ重要な点は、おそらく何らかの原初主義は正しいだろうから、原初主義的な考えをとることが直ちに誤りだとは言えないことである。それは少なくとも選択肢としては残されるべきである。

もしかしたら、それは単に可能な選択肢にすぎないのではなく、むしろそれがよいと考える理由がありそうである。私たちは因果性を、実在の最も基本的な力の一つ、つまり宇宙のセメントだと考えることができる。因果性こそが、分子結合により、物体にまとまりを与える。因果性は一つのものによって他のものに変化を産み出す。因果性は行為にその意義を与える。これがあらゆるものごとの中で最も基礎的な要素の一つであっていけないことがあろうか。すると、因果性を因果的でないものによって明らかにしうると考える人が、いったいなぜいたのだろうか。

科学の総体が、因果性を前提にしているように思われる。世界に規則性があることは、知覚を通じて明らかであったり統計的な相関性として示されたりする。この規則性は、さまざまな自然現象のあいだに因果的な結びつきがあると考えることで、最もよく理解することができる。世界に私たちが目にする程度の秩序が産み出されたことが、因果性のためでないとしたら、他の何がそれを産み出したのだろうか。世界に相応の秩序があることは不可思議となるだろう。そしてそのような秩序がなければ、つまりそれらの因果的な結びつきがなければ、科学が予測や説明や技術を生むことはできなかった。したがって、人類の繁栄を可能にした中核的な活動が、因果性の存在を前提にするものと考えられる。だとすると、原初主義者になってなぜいけないのだろうか。因果性は、私たちの世界との関わり全体の基盤なのである。

形勢逆転

そろそろ形勢を逆転できそうである。因果性を他の非因果的な現象によって分析するのではなく、むしろ他のものごとを因果性によって分析することが不可避なのではないだろうか。

観念は経験に由来するという考えは、経験主義の哲学の中枢をなすものである。たとえばロックの考えによると、観念は、外界の物体が視覚などの感覚器官に自らを刻印することによって形成される。そしてヒュームが述べるには、規則性の経験が私たちを導いて未来についての期待を形成させるのだが、このことは彼の因果性理論の根幹となっている。ところが、経験主義者の経験理論を正当化するこのメカニズムの説明は、いくつかの箇所で因果的な結びつきに訴える必要があった。たとえば、外界の物体が感覚能力に作用するとか、ある種の経験が期待を形成させるとかである。刻印する、作用する、何かをさせる、導くなどは、すでに見たように個別の因果的な用語にほかならない。

経験主義の哲学はこのように、それがうまく成り立つためには因果性に依存するように思われる。するとそれは、因果性を何か別のものへと還元し尽くすということに取り組むべきなのであろうか。経験主義の説は、その還元ができたとして、それでもまだ成り立つのだろうか。ヒュームはしばしばまさにこの理由で批判される。因果性を還元し尽くすにあたって彼が用いるアプローチそのものが、さまざまな因果的な結びつきがはたらいて人間の思考の習慣を操っているのでないかぎり、成り立たないように思われるのである。

この批判の流れの背後にあるのは、知覚の因果説が持つ説得力である。ロック哲学で知覚は重要な位置を占めており、その理由は、人間の心がいかにして観念を正当な仕方で得るかを知覚が説明するからである。だが、何かを知覚するとはどのようなことであろうか。それは還元不可能な因果的現象のように思われる。Fを知覚するということがどのようなことであるにせよ、それは最小限、Fが知覚者の中に観念や信念を引き起こすことである。

知覚の分析は、以上にとどまるものではまったくないかもしれない。たとえばこれに加えて、観念あるいは信念は、知覚されるものと似ていなければならないとかそれに対応しなければならないといった主張がありえよう。だが、いかなる追加の要件を分析に組み込むにせよ、どこかに因果的な結びつきを入れないわけにはいかないと考えられるだろう。世界の知覚は、私たちがおよそ知りうるあらゆる事柄の基盤をなす。一切の経験的知識の可能性そのものが、世界とその知覚のあいだに因果的な結びつきがあることに依拠している以上、因果性はすべてのものごとの中で最も基本的であることになる。

成功への飛び板

だが知覚の関連では、もう一つの疑問がある。因果性とは、私たちが直接に知ることのできるものであろうか。それとも、因果性に関する知識は、他のものの知覚から推論によって得られるのだろうか。

この問いを問うことには確固とした理由がある。いくつかの観念は原初的である。だが経験主義者によると、原初的であるためには、観念は直接に経験される必要がある。原初的な観念は他の観念から生成されたものではないから、直接に習得されたのでなければならないのである。さて、このような見解を受け入れなければならない必然性はない。私たちがどのようにしてものごとを知るに至るのかについて、こうした経験主義的な説を受け入れる人ばかりではないのである。とはいえ、原初主義者がもし、私たちは実際に原因の直接的な経験的知識を持つということを示せるならば、自らの立場をいかなる経験主義的な攻撃からも強く守ることになるだろう。

ヒューム的な見解は、私たちは因果性を直接に経験することは一切ないというものである。あるビリヤード球が別の球に当たるとき、私たちが見ることのできるのは出来事の継起だけであり、球と球のあいだの因果的な結びつきは見ることができない。ヒュームにとって、因果的な知識は、そのような二者が続く事例の反復つまり恒常的連接性を見ることから推論されるのである。ところが、この点でヒュームに異議を唱える者もいる。多くの哲学者が、因果性は直接に見ることのできるものだと考えており、その考えは少なくともトマス・リード(一七一〇―九六)に遡る。ただし、ヒュームのビリヤード球はそれを探すのに最も適した場所ではない。

代わりに、高飛び込みの選手が飛び板からジャンプするのを見るという場面を考えよう。飛び込み選手は飛び板上を走ってきて、そこで跳ね上がり、そして水中に飛び込む。彼が板上でジャンプすると、板は彼の体重でしなる。次いで、彼は空中へと弾き返される。このような場合、たった一つの事例でも、私たちは因果性を見ているのだろうか。飛び込み選手のジャンプが、あるいは彼の体重が、板がしなるのを引き起こすのを直接に見ているのだろうか。

哲学者の中には、そのとおりだと言いそうな者もいる。ただ問題は、この事例自体には、そこで何が生じたかに関するヒューム主義者の解釈を放棄させるだけの力はなさそうな点である。ヒューム主義者は依然として、このような事例を一度見ただけでは、飛び込み選手が板がしなるのを引き起こしたという結論は出てこないだろうと主張することができる。その観念は、反復を通じてのみ生じるであろう。

秘密の行為者

しかし、一つの大きな要因がこれまで見過ごされてきた。それはいわば、私たちの顔をまじまじと見つめていたのだが、おそらく近すぎてこちらにはそれが見えなかったのである。ヒュームは因果性について、私たち自身は外部の観察者であるかのように語った。哲学者がビリヤードの試合を観戦したり、科学者が相関性をただ記録したりすることがある。その際、彼らはいずれも自分が見るものに干渉しない。実際、実験者というものは、結果に自分が影響を与えないようによく注意しなければならないものである。だがもちろん、結果に影響を与えることができないわけではない。

私たちは、因果的な世界から切り離されているわけではなく、その立派な一部分である。私たちは因果的な行為者である。つまり、私たちは因果性を開始し、私たちの行為は結果を持つ。私たちはまた、因果性の受け手でもある。つまり、私たちに対してものごとが因果的になされることがある。このように、私たちは因果的な能動性と受動性の両方を持つ。他のあらゆるものとまったく同様に、私たちは世界の因果的な網の目から逃れることはできない。

ヒュームは、あたかもこの行為者性を秘密にしようとしていたかのようである。彼は、ビリヤード球が衝突するのを見ても、そこに因果性を見ることはできないと言う。だが彼は、仮に彼自身が球の立場にあって、引き起こすことや引き起こされることの当事者だったとしても、同じことを言ったであろうか。

では、私たちがものごとを引き起こすことができるのだとすると、因果性の原初主義者はここに、因果性の何らかの直接的な経験を見いだすことができるだろうか。そうだと言う余地はある。たとえば、あなたが重いスーツケースを持ち上げるとき、筋肉に張りつめた感じがするだろう。場合によっては、ちゃんと持ち上げるにはさらにもっと努力が必要だと感じる。力を強めるにつれ、腕の痛みは増す。だがしまいには、スーツケースが持ち上がる。このときあなたは、スーツケースを持ち上げることに関して因果的な行為者であり、その仕事が成し遂げられるのを体で直接に感じるのである。

人が自分の努力の力を感じるこの感覚は、固有受容覚として知られるものである。それは学校で教わる教科書的な五感の一つではないため、見過ごされがちである。しかし心理学者は、実は五感以外にも他に感覚があることを知っており、固有受容覚は追加されるべきものの一つだと考えている。固有受容覚は、必要とされる努力の感覚を与えてくれる。それは、よりいっそうの努力が必要なときにそれを知るというだけのことではない。私たちはそれを用いて、努力が過剰になったときにそれを見積もることもできる。たとえば、あなたが大きなスーツケースを持ち上げに行くとして、それが空っぽなため驚くほど軽いことを知らないとしよう。あなたはそれに気づいて驚くが、そのときあなたは、スーツケースを空中に放り投げてしまわないように、力の再調整をしないわけにいかない。また、固有受容覚を通じて因果性を感じるのは、行為の場合だけではない。誰かに押されるとき、私たちはそのかぎりでは受動的である。だがこの場合、その押すという行為に対してはたらかせる抵抗力は、やはり固有受容覚を通じて見積もられる。後ろに倒れないように、私たちは押す力に抵抗するが、その抵抗力は経験されている力と釣り合ったものでなければならない。そうでなければ、前に倒れてしまうだろう。

人間はヒューム的か

ヒュームは、彼の論敵が、人間は因果性の直接的な経験的知識を持つ因果的な行為者だという主張を試みるかもしれないことに気づいている。この主張に対して、彼は先回りをして手を打とうとする。行為に関する彼の説は、私たちは実は、自分が何かを引き起こしているという経験などしないというものである。彼はここでもやはり、自分自身の行為者性についての信念は、意志することと運動することのあいだの恒常的連接性に基づいた期待にほかならず、それ以上のものではないと考える。私たちはあることを行おうと意志し、すると私たちの体がそれにふさわしい仕方で運動する。たとえば、男がスーツケースを持ち上げようと意志し、すると彼の腕がそれを持ち上げる。そしてこの種のことが何度も生じると、彼は、彼の意志が彼の体の運動を引き起こすと考えるに至るのである。

しかし、私たちの行為は本当にこのような仕方で進行するのだろうか。意志することは、行為そのものとは別で、それに時間的に先行するようなものであろうか。ヒュームは意志と行為を切り離したとして批判されてきた。その批判者にはウィトゲンシュタインも含まれる。未来に行為することへの願望や意図を形成することはできるが、行為を意志することとその行為は同時的で切り離せないように思われる。ある人が、重いスーツケースを持ち上げる途中で、そうする意志を急にすっかりなくしたとしよう。その人はそのとき、きっとスーツケースを持ち上げるのをやめるだろう。するとこのことは、行為を実行させるには、意志が行為にすべての段階で伴わなければならないことを示しているのではないだろうか。もし仮に、意志が行為に時間的に先行するとしたら、意志はどうやって行為を実行させるのであろうか。行為がやって来たときには、意志はもういなくなっているだろう。それどころか、意志は行為にただ伴うだけでなく、行為の不可欠な要素ではないだろうか。意志は、固有受容覚から得られたフィードバックを絶えず計算に入れながら、行為の目的を達成するのに必要な仕方で、意図的に運動を実行するのである。

この話題についてさらに多くを述べることもできるが、重要な論点のいくつかは以上で概観したとおりである。因果性に関する原初主義は、私たちが因果性を直接経験することを示すことができるなら、かなり強力な論拠を得ることになるだろう。それを見いだすことが最もできそうな場所は、人間の行為だと思われる。これは、因果性のあらゆる事例に関して、それを直接経験できるという意味ではない。因果性についての知識の大半は、推論によるものであってよい。しかしヒュームは、私たちがいかにして原因についての直接的な知識を得ることができるかに関して、どんな場合にも懐疑的であった。すると、それができるという事例が一つでもあれば、その懐疑的な挑戦に答えたことになるだろう。

第9章 傾向性主義

何が傾向を持つのか

あるものについて、それは原初的とみなされるべきだと言われても、それについて実質的なことは何もわからない。その意味で、原初主義という理論は特に何かを教えてくれるわけではない。異なる二つのものが、どちらも原初的だということで合意が得られたとしよう。その二つは、因果性と他の何かである。では、それら二つのものの違いは何なのか、また、それら二つとやはり原初的な他のすべてのものとの違いは何なのか、さっぱりわからないであろう。

それゆえ、因果性の本性について、もっと述べることができた方がありがたい。ここで、原初主義者もやはり因果性の理論を提案することができる。ただし、それを還元し尽くすには至らないのである。因果性の分析を行うことはしないとしても、彼らはそれについて多くの実質的なことを述べ、それを他の現象から区別することができる。

傾向性主義者とは、因果性の本性は本質的に傾向的だと考える人のことである。たとえば、因果性は因果的パワーが発揮されることで産み出されるという考え方である。だがこの因果的パワーは、因果性を還元し尽くすような位置づけは持たない。というのは、原因の概念とパワーの概念はあまりに近いからである。パワーとは、すでに因果性を負った用語であり、循環に陥らずに因果性の分析を与える位置づけにはない。では、因果性の傾向性主義理論とはいかなるものであろうか。

パワーのある理論

規則性理論に対する反応として、次のような考えは心をそそるものであった。すなわち、ある特定の因果的な作用にとって、それと異なる時間や場所で生じるものごとが関連しているはずはない。水が砂糖を溶かしたり、太陽がある部屋を暖めたり、ある危害が引き起こされたりといった場合に、考慮に入れる必要のある個別の事柄は、まさに今挙げたことだけである。この考えの述べるところによると、因果性には、規則性が伴うかどうかに依存しない単一の事例があってよい。それどころか、規則性は、因果性の単一の事例を数多く集めてきた総和にすぎないとみなされるべきである。

傾向性主義はこの単称主義的な直観をうまく利用する。その説は、個々の対象は自らの傾向的性質を内蔵しうるという考えの上に構築されている。そしてこの傾向的性質が、因果的パワーとも呼ばれる。対象がもたらすあらゆる結果は、それに起因するのである。

傾向的性質は、顕在化することなく存在できるものである。あるものが球形をしているならば、その特徴はいつでも見て調べることができるものと思われる。これが顕在化ということの意味である。他方、あるものが脆いとか、可溶性があるとか伸縮性があるとか言うと、そのものの中に何か隠れた潜在力があることが示唆される。つまり、他の何らかの可能な性質への傾向性がある。たとえば脆いものは、壊れてしまうことへの潜在力を持つ。

だが傾向性主義者はよく、このような本性を持つ性質は他にもたくさんあると主張するものである。たとえば、原子を構成する粒子の重要な性質であるスピン、電荷、質量などは、どれもふるまいへの傾向性として理解することが可能である。たとえば負の電荷を帯びた粒子は、正の電荷を帯びた他の粒子を引きつけ、同じ負の電荷を帯びた粒子を斥ける傾向性を持つ。電荷は程度を持ちうるものであり、引力や斥力は程度の大小を持ちうる。因果的パワーの強さは、最終的に何が産出されるかに大きな影響を及ぼしうる。この点は、因果性を1か0かの事柄と考えてしまうと見過ごされがちである。

中には、あらゆる性質が本性上、本質的に傾向的だと考える者もいる。この見解は汎傾向性主義と呼ばれる。球形性、つまり球形をしているという性質を考えた場合ですら、その性質を持つものはある特定の仕方でふるまう傾向性を持つことがわかるだろう。たとえば斜面を転がり落ちることである。

汎傾向性主義は、傾向性主義の唯一の形態ではない。傾向的で因果的パワーを持つ性質もあるが、すべての性質がそうなわけではないと考えることもできる。真正の傾向性主義者の線引きとなるのは、傾向的な性質が実在性を持ち還元不可能だと考える点である。また、それらの性質はその担い手のふるまいを産み出すものでもある。あるもののふるまいは、それが持つ傾向性の一つが顕在化したこととして説明される。これが因果性と結びつくことは明白である。因果的産出とは、究極的には傾向性の発揮のことである。だから多くの人が傾向性を、その因果的な役割に注意を促す因果的パワーという語で呼ぶのである。

傾向性主義はたいへん古い考え方であり、もしかするといちばん最初の因果性の理論である。それは少なくともアリストテレスまで遡り、聖トマス・アクィナス(一二二五―七四)によって中世のあいだも存続した。経験主義の哲学はおおむね、この十分に確立された伝統に対抗するものだったのである。ヒュームは因果性の問題にまったく新しい見方をもたらし、因果的パワーの説を退けて、代わりに規則性に基礎を置く因果性の理論をとった。

パワーに対する経験主義者の嫌悪は、パワーの伝統に劣らず長続きした。私たちはそれをJ・S・ミル、そしてラッセル、論理実証主義者たち、さらにその広範な影響力のもとにあったクワインやルイスなどのアメリカ人に認めることができる。それらの哲学者は、因果性が真にパワー的な本性を持つことに懐疑的であり、因果性を還元し尽くされるべきものとして扱った。彼らがパワーについて論じたとしても、それは常に、その還元的説明を与え、それを顕わな性質やカテゴリカルな性質に置き換えてしまうことができるようにするためであった。なお、顕わとかカテゴリカルとかいうことで彼らが意味したのは、傾向的ではないということである。すると、それらの性質は因果的パワーを持つものではないはずだから、それらが因果性の存在論的な基盤を与えることはありえない。こうして、因果性を他のものによって分析するという経験主義のプロジェクトが推進された。

ところがここ最近の数十年間、因果性への新アリストテレス主義的なアプローチが盛んになってきた。これは概して、偉大な哲学者の影響によるというよりは、科学の中で因果性を理解したり、現代形而上学の理論を有意味なものとしたりするのに、傾向性主義が最もよい方法だという考えに動かされてのことである。これらの新しい見解によると、世界に対して規則性や機械論という観点をとることは、科学的にも形而上学的にも、私たちが因果性について知っていることの最良の説明にはならない。

技術的になる

傾向的な性質は科学に不可欠だと思われる。というのは、それらは説明、予測、そして技術上の応用を与えてくれるからである。ある個別のものやある種のもののふるまいは、そのふるまいへの傾向性を発見すれば説明できる。たとえば、ある二つのものがなぜくっつくのかは、それらの持つ引力というパワーを理解すれば理解できる。そしてそれが理解できれば、新しい状況でどのようにふるまう可能性があるかの予測にも取りかかることができる。

架橋のような大規模な工学上の偉業を考えてみよう。構造エンジニアは、その主な構成要素の因果的パワーを考慮しなければならない。桁、リベット、支柱、サスペンションワイヤーなどである。彼らは、それら各部品がどれだけの荷重に耐えられるかを正しく理解しなければならない。それはまだ顕在化していない傾向的な性質である。技術者がそれを正しく理解したとして、すべての部品が組み上げられると、部品はその潜在力を実現するようになる。

傾向性主義者は、技術というものを次の仕方で説明することができる。すなわち技術とは、これまで隠れていた傾向的な性質を解き放ち、それを利用することにほかならない。ねばねばした黒い石油が最初に発見されたとき、それがこれほど多くのさまざまなふるまいへの傾向性を秘めているとは誰も知らなかった。私たちの祖先は、それが燃焼しうるとか、精製してガソリンにすれば自動車の燃料にできるとか、プラスチックにできるといったことに気づいていただろうか。さらに、そこにはまだ気づかれていない潜在力がある可能性もあるだろうか。あるいはことによると、もっとクリーンで容易に手に入る何らかの資源に、以上と同じ役割のいくつかを果たす能力があるかもしれない。

科学における発見とは、因果的パワーを解き放つための適正な条件を見いだすことである。微生物のペニシリンがこれほど多くの病気を治癒できると、いったい誰が考えただろうか。何らかの単純で容易に手に入るものがあり、それを使って癌やＨＩＶを治癒できるようになることがないと、誰に言えるだろうか。私たちはその使い方を知らないだけなのである。とはいえ、発見へ向けた探究の試みは進行中である。科学は、ものの新たなパワーの発見によって前進するのである。

ヒュームの想定

規則性説に対するよくある批判の一つは、多くの場合、規則性に加えて何かもっと強いものが必要だと考えられるというものであった。それは、偶然的な相関性を因果性の真正の事例から除外できるような、実在性のある因果的な結びつきである。この批判は、因果性は恒常的連接性と、それに追加される何らかの要素を合わせたものにちがいないという考えを促すかもしれない。

他方、もう一つの考えの流れがあり、それは以上とは異なる方向性を示唆する。恒常的連接性がないにもかかわらず、因果的な結びつきがあると私たちが考えるような事例も、数多く存在するように思われる。ほとんどすべての人が、タバコを吸うことと癌のあいだには因果性があると信じている。これについては多くのさまざまなことを指摘できるが、ここで注目したい特徴は、因果的な結びつきがあることは疑いないとしても、恒常的連接性がないこともはっきりしている点である。つまり、タバコを吸う人がみな癌になるわけではない。

　すると確かに、もし恒常的連接性を因果的な結びつきが成立するための必要条件とみなすなら、この事例に関しては誤った結果が出ることになる。これを因果的恒常性の誤りと呼ぶことができるだろう。あなたの知り合いに、一生ずっと喫煙を続けたのに癌にならなかった老人がいるからといって、そのことから喫煙が癌を引き起こすのではないことが示されると考えるなら、それは明白な誤りであろう。では因果的な主張は、例外のない規則性を要求するのでないとすると、何を言っていることになるのだろうか。

再考の必然性

　前に、必然性は因果性には強すぎるように見える点に注意した。どんな原因も、何か余計な要因が加わることによって阻害されることがありうると思われる。少なくとも、そのような想定をすることは可能だと思われる。この雑然とした世界では、因果的な要因は相互に錯綜しており、そうでなければ生じえたものごとの邪魔をすることがある。つまり妨害や干渉である。

この論点は、原因は結果を必然化するわけではないという主旨の議論の中で用いられた。それはヒューム自身が、因果的パワーに反対するために用いた議論である。だがいまや私たちには、この議論で因果的パワーを自動的に退けられるものではないことがわかる。その議論は、傾向性が結果を産出するのは結果を必然化することによらなければならないというのでもないかぎり、成り立たないだろう。確かに、自らの論敵としてヒュームの念頭にあったかもしれないスピノザを含めて、必然化の考えをとった者もいた。だがアリストテレスもアクィナスも、そうは考えなかったのではないだろうか。彼らによれば、パワーはその顕在化への傾向を持つだけである。

問題はヒュームが、絶対の必然性か、それとも彼自身の純粋な偶然性説かの二者択一という設定をしたことである。自然界の因果的なプロセスに関して必然性が成り立ちそうにないことを示すのは、ヒュームにとってそれほど難しいことではなかった。それらはどれも、干渉を受けることがありうるからである。しかしその見解を退けただけでは必ずしも、ヒュームが考えたように、あらゆるものごとは別々でばらばらで、原理的には何に続いて何が起こってもよいということの証明にはならない。ヒュームが考えていない第三の選択肢は、原因は結果への傾きを持つ、つまり傾向性を持つというものである。そしてこれは、必然性には足りないが純粋な偶然性よりもはるかに重みのあるものとされる。可能な帰結のどれもちょうど同じくらい生じそうだなどと言ってはならない。明確に、ある一つの帰結への傾向を持つのである。

傾向を持つということと、それに対してどのような干渉がありうるかを押さえておくと、大きな母集団の中ではなぜ原因と結果のあいだに恒常的連接性がなくてよいのかが理解できる。喫煙は確かに癌の原因となることがありうる。これは傾向性主義者にとって、喫煙は癌になることへの実在的な因果的パワーを持つという意味である。しかしこのパワーは、かなり重大なものであるにせよ、やはり癌になることへの傾向を持つ「だけ」である。

このことの内実は、喫煙をする大勢の人が、実際に癌への傾向性を顕在化させるということだと思われる。だが、発癌効果を助長しそうな要因が欠けていたり、発癌物質を阻害する他の要因があったりして、その利得に浴する者もいる。癌の発生は非常に複雑な因果的現象であることが知られており、その各段階で妨害や干渉の可能性がある。少数の幸運な人は、癌にならないようにはたらく遺伝的な体質を備えてすらいるらしい。

この点を理解するには、傾向性を高度に文脈鋭敏的なものと考えるという方法もある。パワーの条件をほんの少し変えてやるだけで、そのパワーがどのように顕在化するか、あるいはそもそも顕在化するかどうかに大きな効果が及びうる。そのよい例は脆さである。脆いグラスを落としてもだいじょうぶなことがある。だが状況をほんの少し変えるだけで、粉々になって何百もの破片になるかもしれない。このように、状況のわずかな相違が帰結の非常に大きな相違を産み出すことがありうる。小さな要因を一つ追加するだけで、ある人が癌になるかならないかの違いが生じるかもしれない。

自然界と必然性

ここに至って傾向性主義者は、ヒュームの議論を逆手に取ろうとするかもしれない。ヒュームは、規則性ないし恒常的連接性が因果性の観念にとって必要だと主張した。そして、それ以外にも必要なものがあるのではないかが一つの懸念なのであった。ところが傾向性主義者は、恒常的連接性さえ必要ないと論じることができるだろう。それどころか、本当に例外のない恒常的連接性は、因果性ではないと言うことの強い理由とみなされることもあるだろう。

よく知られた申し分のない恒常的連接性を何か考えてみよう。それは本当に原因と結果の事例であることになるだろうか。たとえば、すべてのクジラは哺乳類である。だがすでに見たように、これは分類上のことにすぎないかもしれない。私たちがクジラを哺乳類の集合の中に分類したのである。あるいは本質主義者が考えるように、自然界がそのような分類をしたのである。ここには規則性があり、それはこれが必然的な事柄だからである。あるものが哺乳類であることなしにクジラであることはできない。だがこのことは、ここに関わっているものが因果性ではないことをも示しているのではないだろうか。あるものがクジラであることは、それが哺乳類であることを引き起こしはしない。クジラの集合は哺乳類の集合の部分集合だというだけである。

恒常的連接性のもう一つの事例も、やはり因果性をまったく伴わない。自然界の中に同一性があると考える人がいる。食塩とNaClの同一性や、ダウン症候群と21番染色体を一本余分に持つことの同一性などである。ここには確かに恒常的連接性があるが、それが保証できるのはまさに、一方のものごとが他方のものごとを引き起こしているのではないからである。恒常的連接性が成り立つのは、ただ一つのものごとが異なる二つの名前で取り出されているためである。

このようにして傾向性主義者は、自然界の因果的なプロセスには純粋な規則性をまったく期待すべきでないという結論を下すことができる。そのような恒常的連接性が見いだされたならば、それは常に、そこに因果性が見いだされたことを疑うべき強い理由となるだろう。

相互顕在化

では、パワーはどのようにしてその結果を産出するのであろうか。それはそういうものだ、と言って済ませるわけにはいかない。結果は単に自発的に生じるのだろうか。そうではあるまい。結果が産出されるのは、条件が適切な場合だけである。たとえば砂糖には可溶性があるが、そのパワーを顕在化させるには水の中に入れてやる必要があり、そうすることでパワーが解き放たれる。同じく、脆いグラスが脆さのパワーを発揮できるには、落とされたり倒されたりする必要がある。

傾向性は刺激を与えられる必要があるという考えは広く見られるものである。私たちはよく刺激条件について語るが、そのとき顕在化はその反応として理解できる。たとえば石炭は可燃性の物質だが、そのことを示すには点火される必要がある。点火は、可燃性が示され、そしてそれに続いて燃焼のプロセスが起こることを可能にする刺激だと考えることができよう。長いあいだ、傾向性はどれも、それにふさわしい刺激条件によって活性化されるべきものだと考えられてきた。

しかし傾向性主義者の中には、以上は説明のモデルとして誤りだと考える者もいる。チャーリー・マーティンはこれに代えて、傾向性は相互顕在化パートナーを形成するという考え方をとった。傾向性は互いに協力して、それぞれが単独では産出できないものを共に産出する。それは二つから成るペアの場合もあれば、もっと多数から成るグループの場合もある。

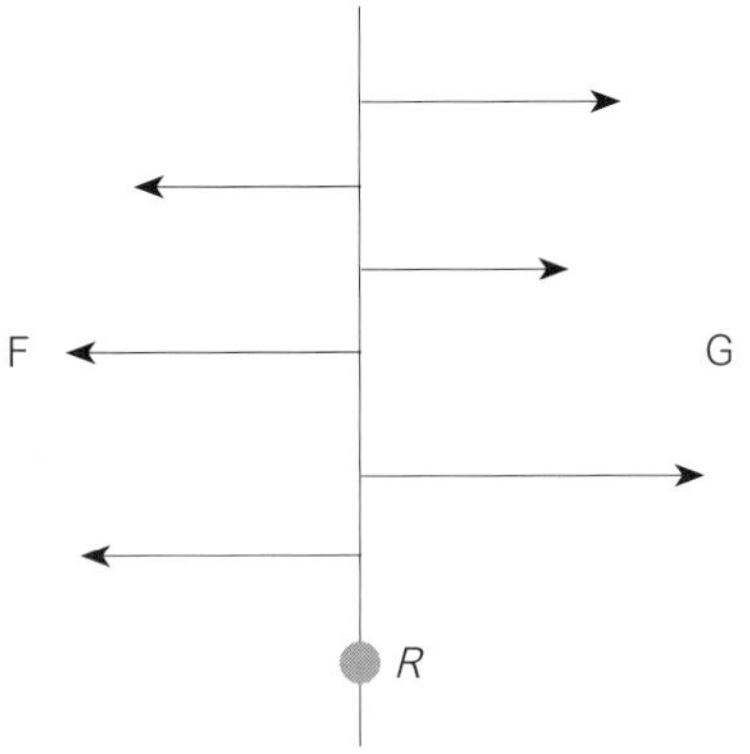

図１　釣り合いのとれたパワーの平衡状態

すると可溶性は、水が加えられることを刺激とする傾向性と考えられるべきではない。むしろ砂糖と水が、溶解つまり甘い溶液を産出することへの相互顕在化パートナーだと考えられるべきである。刺激反応モデルの問題点は、傾向性を本質的に受動的なもの、何か別のものがやって来てそれを活性化しないかぎり何もできないものと思わせる点である。これは傾向性主義者にとって魅力的な考え方のはずがない。なぜならば傾向性主義者は、自然界についてもっと能動的な見解を提案しようとしているからである。ところがこの考えでは、傾向性は受動的で、はたらきかけられるだけのものであり、むしろ刺激の方が能動的であることになってしまう。こうなると、刺激の方が傾向性自体よりもパワーを持つように思われ、明らかにおかしな話になる。

相互顕在化モデルによれば、因果性において、グループをなすパワーは多かれ少なかれ対等のパートナーである。それらはみな何らかの貢献をし、そうすることでみな変化を受ける。砂糖は水によって溶かされ、その意味で変化を受けるが、水も溶液となり、砂糖を溶けた状態で保持することになる。同様に、角氷が溶けるとき、それは液体を冷やすこともする。このように、相互顕在化パートナーにはお互いに変化が生じうる。それらの出会いは自然界の因果的プロセスの始まりとなり、そのプロセスは展開するのに時間がかかったり完了する前に中断させられたりするかもしれないが、産出される変化はそれらの全体に及びうるのである。

だが、パワーが産出するものは変化だけとは限らない。もう一つの可能性は、いくつかのパワーが作用するが、正味の変化は何も産出されない場合である。反対方向のパワーは平衡状態をもたらすことがありうる。それはベクトルを足し合わせてゼロの合力Rが産出されるのと似ている(図1)。たとえば吊り橋では、私たちはすべてのパワーが相殺され、結果的に何も生じない安定状態となることを求めている。因果性の説のいくつかは、因果性を出来事のあいだの関係と想定する。すでに見たように、ヒューム主義の理論がそうである。しかし何も生じないこと、つまりゼロの出来事とでも言えるものが結果である場合も重要である。工学では、私たちが製作したいものは変化ではなく、むしろ安定性であることが多いのである。

不在は原因か

傾向性主義は、因果性とはパワーすなわち実在する傾向性の発揮だと主張する。このことは、例外なくあらゆる事例に言えるであろうか。

これに対する反例として挙げられるのが、不在による因果性である。水の不在は植物を枯れさせる。酸素の不在は人の窒息を産出する。また、何かを生じさせる方法の一つは、妨害することである。悪党は、自分の敵に誰かが救命薬を投与するのを妨害することにより、その敵の死を実現できる。これらの事例をパワーの発揮によって説明することは可能だろうか。

一つの選択肢は、無もやはりパワーを持ちうると言うことだろう。だがこれを擁護するのは難しそうである。不在の水は植物を枯れさせるパワーを持ちうるだろうか。これは正しいとは感じられない。不在の水は何物でもないのだから、どうしてそれが因果的パワーを持ちえよう。実在するとはどういうことかに関して、いわゆるエレア派のテストという一つのテストがある。それによると、実在するとは因果的パワーを持つことである。この考え方を、不在がパワーを持つという論点にあてはめると、不在を実在の一部分として扱わなければならないことになるだろう。

しかしこれとは異なる種類のアプローチもある。悪党が、敵の命を救ったであろう薬の注射を妨害する場合について、傾向性主義者は次のように言うことができる。すなわち、死を引き起こしたものは、薬がそれに対する防護を与えたであろうところの病気である。このとき、「薬が与えられていたならば、薬はその人を生存させる傾向を持っただろう」という反事実条件文は確かに真でありうる（そしてその反事実条件文が真になるのは、薬の因果的パワーのためであってよい）。だがそれは死の原因を挙げることにはならない。死の原因は病気である。この場合、悪党は、死の妨害となりうるものごとを阻止した以上、やはり死に対して一定の道徳的責任やさらに法的責任を負うに十分かもしれない。しかし傾向性主義者によれば、このような二重の妨害は、それを因果性たらしめるには十分でないのである。

正しい傾向を持つ

傾向性主義は原初主義の一形態と見ることができる。傾向性主義者は、私たちが因果性の概念を習得できるのは、行為者としての身体経験を通じてだという考えを支持しようと試みることもできる。さらに、すると私たちはそうした場面で、因果性の傾向的な本性を経験することもできるのだとさえ論じられるかもしれない。行為者はしばしば、自らの行為に対する抵抗を感じることがある。たとえば、洗濯機を持ち上げようと試みるが、それは重いとしよう。このとき行為者は、自らの行為がそれを持ち上げる傾向を持つことを感じることができるが、同時に、その行為が洗濯機の重さによって妨害されうることも感じることができる。

とはいえ傾向性主義者は、以上を因果性の分析として提案することはしないであろう。パワーはその顕在化を産み出す。産出はすでに因果的な概念である。したがって、傾向性の概念に訴えて因果性を還元し尽くすことはできない。傾向性の発揮は、すでに因果性を含むものと思われるのである。

しかし、傾向性主義はやはり一つの理論を与えてくれる。その理論は、この現象のある一定の特徴に注意を促すものである。すなわち因果性とは、個々の対象が、それが持つ実在的な傾向的性質のおかげで作用するということであってよい。因果性は、ある特定のタイプの帰結への傾向を持つことと関わる。ただしそこには、傾向を持つという以上の強さはない。こうして、因果的産出はなぜ必然性と同じではないのかが説明される。同時に、因果性はなぜ恒常的連接性という話ではないのかも説明される。

傾向性主義は、還元主義に与しないような伝達理論の一形態として理解することも可能である。伝達されるものはエネルギーだと言う代わりに、因果性はパワーの受け渡しだということになるのである。熱いものは熱するパワーを持つ。そして熱する際、その同じパワーをそれが熱するものに受け渡す。また傾向性説は、原因がなぜ違いを生じさせる傾向を持つのかをも明らかにしてくれる。原因はしばしば変化を産み出すが、常にそうしなければならないわけではない。だがそうする場合には、さもなければ生じなかったであろう変化を産み出すことが多いのである。

第10章 原因を見つける

それはどこにあるのか

これまで焦点を当ててきたのは概念と存在論にまつわる論点である。それは次の二つの問いに関わっていた。つまり、私たちは「あるものごとが別のものごとを引き起こす」と言うとき何を意味しているのかという問いと、世界において因果性とはいかなるものかという問いである。だがさらに、おそらくどんな科学や技術にとっても重大となる問いがある。それは、私たちはどのようにして原因を見つけるのか、ある種のものごとと別の種のものごとが因果的に結びついていることを見いだす方法はあるのか、私たちの因果的な知識はどれくらい優れているのかといった、因果性の認識論に関する問いである。

これらの問いは最後に持ってくるのが適切だと思われる。因果性ということで何を意味しているかについて、そして因果性とは何だと考えているかについて、私たちは因果性を探し始めるより前に考えを持っているはずである。よってまずはそうした概念と形而上学に関する問いを扱わなければならない。しかしこれにはもちろん、人が何を探し求めるのかが因果性の理論によって方向づけられうるという意味もある。たとえばヒューム主義者が世界の中で原因を探すやり方は、多元主義者が探すやり方とは違ったものでありうる。その二つは、因果性とは何であるのかをめぐって見解を異にするからである。

嘘、大嘘、そして統計

ときに、統計を使えば何でも証明できると言われる。なるほど統計的手法は、因果的な結びつきを明らかにする方法として採用されてきた。それが成功する事例も中にはありえよう。たとえば、子どもが朝食にバナナを食べることと学校の成績が良くなることのあいだに統計的相関性があることを指摘できるかもしれない。

統計学者のアプローチは、大量のデータを好むものである。一人の子どもがバナナを食べた後で驚くほど良い試験成績をとることは、統計的観点からは、何かを意味するにせよたいした意味があるとはみなされない。だが次のように想定しよう。あるグループの子ども全体が試験日の朝にバナナを食べ、そして全体的に平均点がバナナ以外のものを朝食にした場合よりもかなり高いことがわかったのである。これは十分に、因果的な結びつきの発見である可能性がある。

しかしこの手法は、原因を発見する方法としてどれほど信頼に足るのだろうか。おそらく、あまり信頼できるものではない。私たちはこの事例から、バナナが子どもたちの学力を向上させたという結論を出したくなるかもしれないが、同じ統計データと整合する説明は他にもありうるだろう。子どもたちはバナナが学力を向上させると聞かされていたためにより積極的な心構えで試験に臨むようになり、バナナ自体は何のはたらきもしなかったけれどもそれで良い成績をとるようになった、というのが一つの可能性である。これは一種のプラセボ効果だろう。あるいは、違いを生じさせる要因が他にあったのかもしれない。たとえば親が高収入なことである。これは次のことを示唆する。すなわち、私たちが生のデータから因果的な結びつきを本当に発見するのは、いくらかの幸運に恵まれた場合に限られるであろう。

にもかかわらず、統計学者のカール・ピアソンは著書『科学の文法』(一九一一年)においてそのようなアプローチを真面目に提案した。提案されたのは、彼が分割表と呼んだものを描くことであった。それは、ある種のものごとと別の種のものごとの相関性を余すところなく一覧表にしたものである。ピアソンは、より科学的であることを根拠に、そうした相関性が因果的な主張に置き換わるべきだと考えた。AがBを引き起こすなどと言うべきではなく、代わりにBがAに(事例のこれこれの割合で)偶然的に相伴っていると言うべきなのである。

そのようなアプローチにとって明らかに懸念となるのは、真正の因果的相関性と単に偶然的な相関性を区別できないことである。しかし、世界についての伝統的なヒューム的見解をとるならば、その区別はあまり重要ではない。ヒューム的な枠組みでは、すべての相関性は実質上、たまたまで偶然のものである。そこに分割表以上のものは何もない。もしAに続いてBが規則的に起こるなら、ヒューム主義者は、AがBを引き起こすと言えるにはそれ以上の何が要求されるのかと尋ねてくるだろう。因果的な主張は、AがBと相関しているという事実に何を加えることになるのだろうか。

統計学者は多くの場合、因果的な主張をする仕事はしないというピアソンの考えに従っている。統計学の仕事は、事実の報告、つまり何が起こったかに関するデータの報告でしかないわけである。にもかかわらず、統計学者でさえ因果性をデータ以上のもの、つまりおそらくは当のデータを生み出すものと見ているはずだと考えてよいもっともな理由がある。統計学者は、擬似的な相関性を取り除いてより有用で情報価値のある相関性を見つけるまさにそのために、より頑強なツールを開発しようとしてきたのである。

基本的な相関性が頼りにならないことは、いったん膨大かつ詳細なデータセットを手にしたなら、そのデータだけからも示せる。問題の一つは、いかなる統計的相関性も他の因子を含めれば打ち消せてしまうことである。たとえば、朝食にバナナを出された子どもたちは貧しい環境の出身でもあるとしよう。追加の因子として貧困を入れると、試験の成績には改善がないという結果になるかもしれない。あるいはより極端な事例として、子どもたちにバナナアレルギーがあるという追加の因子を考えてみよう。その事例では明らかに、バナナを食べることで試験の点数が良くなることはありそうにない。点数は大きく下がることだろう。すると統計を通じて何を示せるかは、何を因子として仮定するかに大きく影響されるように思われる。

ロナルド・フィッシャー(一八九〇―一九六二)は、データに干渉しうる因子を取り除く方法について、あるアイデアを持っていた。何らかの効果を持つであろう因子をすべて知ることはできないのだから、そうした因子を一つ一つ取り上げることはできない。しかし、それはランダム化によって可能になるというわけである。フィッシャーのアイデアはランダム化比較試験(RCT)の基礎であるが、それはより以前の時代のJ・S・ミルによる差異法を発展させたものである。今日に至るまで多くの人が、RCTをその目的を果たすための完璧な統計的ツールとみなしている。

思い出してほしい。巨大な母集団をランダムに二つのグループに分けるなら、二つのグループは、結果に干渉しうるその他すべての因子に関しておおむね似るはずである。バナナは試験の成績を向上させるかという問いに決着をつけたければ、RCTを実行すればよい。二〇〇〇人の子どものグループがあり、それをランダムに二つのグループに分けるとしよう。ランダム化が適切になされたなら、どちらのグループにも、裕福な子どもや貧困の子ども、バナナアレルギーの子ども、聡明な子どもやそれほど聡明でない子どもも等々が、ちょうど同じだけいるはずである。「投与」群は試験前にバナナを与えられるが対照群は与えられないとして、結果が対照群より投与群のほうが良ければ、私たちはバナナが試験結果を向上させると宣言することになる。

個別的であること

RCTは現在も標準的な科学的手法だが、依然としてまだ不適切である領域もある。RCTで測定されるのは一度に一つの因子だけであり、またそれは膨大な母集団に対してなされなければならない。これが困難を生じさせうる。それは多数の介入(たとえばバナナを摂取する一〇〇〇人の子ども)に見られる統計上の動向を測定したものなので、なしうるのはせいぜいタイプ因果的な主張だけである。

RCTは統計的平均に関することしか教えてくれない。投与群の子どもの一部はバナナを食べた後に結果がとても良くなっているが、他の子どもにそうした効果はまったくないということも可能である。アレルギー患者のようないくつかの事例において、バナナは成績を落としてしまうものでありえよう。しかもRCTは、ある一人の個人が初めてバナナを食べる場合、試験成績が良くなるかについては教えてくれない。それゆえバナナを食べるかどうかを決めるにあたり、子どもは自分がグループの典型的なメンバーであるかどうかを知りたいと思うだろう。

もう一つの問題は、RCTは一度に一つの因子を検定するため、因果的な因子が文脈に著しく鋭敏でありうる点に対応できないことである。バナナに効き目があるかどうかは、摂取するとき他に何があるかにきわめて鋭敏かもしれない。多くの異なる因子が一緒になって予測不可能な結果がもたらされるというカクテル効果が生じることがありうる。よって因果的影響があたかも別々で孤立しているかのように、それぞれの因果的因子を単独で一度に一つ検定するなら、それはその手法の限界だということになるだろう。実際は因果的影響が別々で孤立していることはおそらくない。しかしRCTは統計的平均しか扱わないので、因子の効き目に対する文脈の効果は隠れがちなのである。

私たちにとって重要なのは、しばしば一般的真理ではなくトークン因果的な真理、つまり、どんな個別の因果的な結びつきがあるのかについての真理である。ある薬が平均して健康を増進させることが示されたとしても、その薬は、ある個人が服用すると反対の効果をもたらし、もしかすると致死的ですらあるかもしれない。そしてそのことは、その人にとってきわめて切実でありうる。では、個別の事例において原因を探し求める方法は何かあるのだろうか。

複雑さをマップする

現代においてかなりの影響力を誇る説明をもたらしたのは、ジュディア・パールである。パールのアイデアは、私たちは因果性を因果グラフ(図2)のモデルによって理解するというものである。グラフで表現されるのは複合的な因果的設定であり、そこでは別個の諸要素のあいだに夥しい結びつきがある。グラフは、もし人が原因を変える「外科的」な介入を実施するなら、それは結果の変化をもたらしうるという単純なアイデアに基づいている。たとえば窓が閉まっているとして、窓が開いていることと室温が下がることのあいだに因果的な結びつきがあるなら、窓を開けることで部屋が冷える確率が高くなる。

室温に影響しうる因子は他にもたくさんある。窓を開けながらヒーターもつけるなら、部屋は結局のところ冷えないだろう。外科的操作は、可能なかぎり他の因子を

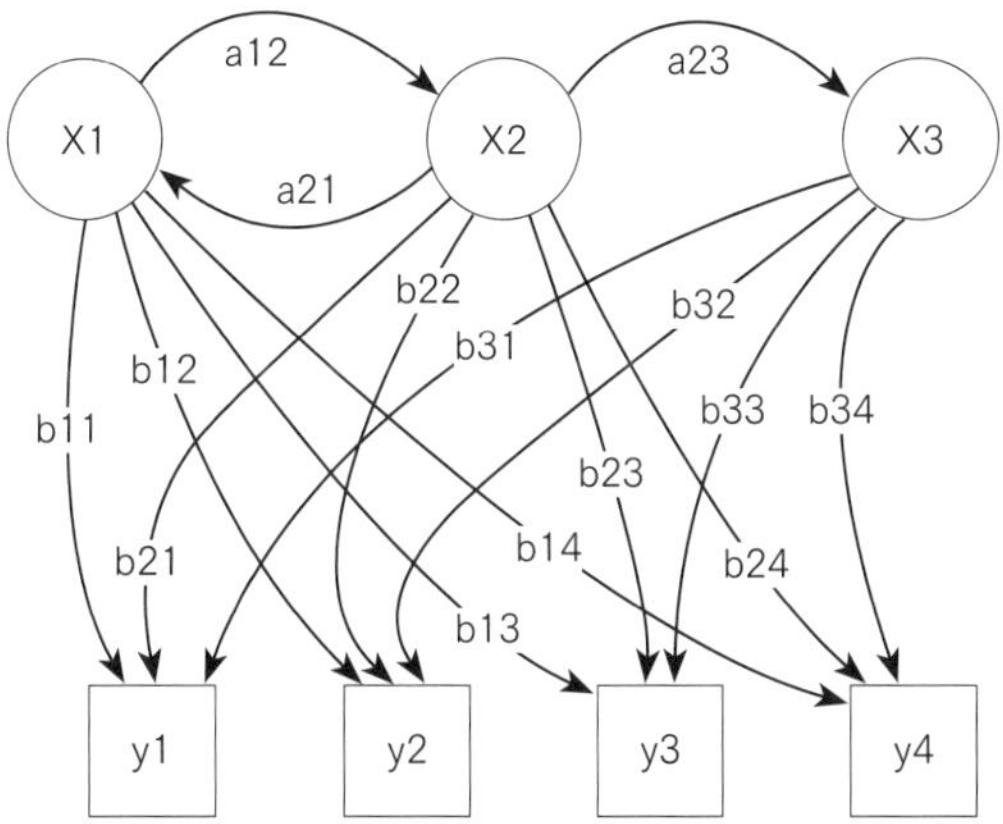

図2　因果グラフ

変えずそのままにして、一つの因子だけを変えるように設計される。もちろん、窓を開けることに伴って一緒に変わりそうなことがいくつかある場合もあるだろう。窓を開けることで、誰かが部屋が冷えるのを防ぐためにヒーターをつける見込みが高くなるかもしれない。ゆえに私たちが必要とするのは、そこに関わっている多数の因子と、それら因子のあいだにある夥しい結びつきを示す複合モデルである。

因果グラフは多くの結びつきを示している。それらは、ある因子や変数に介入することが、別の因子が生じたり変数が上がったりする確率を高めるという結びつきである。グラフは、何が生じるかだけでなく、何か他のことが起こったらどんなことが生じるだろうかをも示すわけである。すべての可能な結びつきを理解するなら、パールがその状況の深い理解と呼ぶものを手にすることになる。それはエンジニアが回路図を見るときに持つような種類の理解である。エンジニアは、ある入力があったらどのような出力がなされるだろうかを見てとることができる。たとえば、もしあるスイッチが押されたら、それに続いて他にどんなことが起こるだろうかを見てとるのである。

自分の手を汚す

ここである重要な新しい考え方に言及するべきだろう。何に続いて何が起こるのかに関する統計をこちらからは何も手出しせず記録するのは、一つのやり方である。しかし因果的な結びつきを発見したければ、当然できることが一つある。介入である。変化を起こし、それに伴って何が生じるかを見るわけである。科学はまったく受動的で事実をカタログ化するだけの営みになることもできるが、探究の一部として変化を起こさせる能動的なものであることもできる。この考え方は、ジェームズ・ウッドワードが展開した。

科学の厳密さに達していないときでさえ、介入は因果的な結びつきを発見する直観的な方法であると思われる。私たちはこの世界の中でいつ何どきも能動的であって、何かを持ち上げたり、引っ張ったり、突いたり、押したりしている。ときには補助的な道具を使ったりする。蛇口を回すと水が出てくることがわかり、蛇口を戻すと水が出なくなることがわかる。食物を熱すると食物に火が通ることがわかる。ボールを蹴るとボールが運動することがわかる。しかし同じ操作を大木に実行してもそうならないことがわかる。私たちは、因果の担い手および受け手として常に世界と相互作用しているのであり、その作用が何を生じさせるのかを見るべく突いたり探ったりするのである。

黒い箱があったとしよう。中の仕組みがどうなっているのかは見えない。しかし外にはさまざまなものがある。レバー、ペダル、ボタン、ライト、ベル、ブザーである。何が何を引き起こすのか、どうすればわかるだろうか。答えは介入である。レバーを引くと他に何かが生じるかどうかを見るわけである。ライトが点灯するだろうか。そしてレバーを元の位置に戻すとライトはすぐに消えるだろうか。同じライトは、レバーを引くと同時にペダルも踏んだら、やはり点灯するのだろうか。

黒い箱にはあらゆる種類の実行可能な「実験」がある。私たちがさまざまな構成要素間の結びつきについて直接的で確実な因果的知識を得ることはないだろう。だが少なくとも、介入によって仮説の形成を始められるようになる。実験的手法は、この基本的な考え方に基づいている。原因を見つけるため、あなたはときに自分の手を汚す必要がある。

もう一つ、因果性の介入主義的説明の基礎をなす非常に単純な考え方がある。抽象的に言えば、あなたは原因を変化させることによって、結果を変化させることができるという考え方である。よって気温が上がることと人が薄着になることのあいだに因果的な結びつきがあるならば、あなたは室温を上げることで、そこにいる人が服を脱ぐ見込みを高めることができる。しかしあなたは、単に服を脱ぐだけで、室温を上げることはできない。

もちろん、実験的手法には限界もある。私たちにはコントロールできないが、それでもやはり原因でありうる因子もある。たとえば太陽は、地球とその表面に立っている私たちを温めている。これは他のどの事例とも同じくらい明らかな因果性の事例である。だが私たちは、太陽の温度を上げたり、下げたり、完全に消してしまうような介入はまったく行うことができない。

したがって介入主義者のアプローチでは、介入に関して広い考え方をする傾向がある。人間が影響を及ぼしうる狭い範囲の変化を意味しないような、広い考え方である。原因についての私たちの概念が、結局のところなぜそんなにも人間中心的である必要があるだろうか。したがって介入ということで、私たちが意図して行ったかどうかにかかわらず、原因における任意の変化を意味してよい。たとえば雨が降り始めるなら、それによって人々は傘をさすことになる。これは天候による「介入」だが、人によるコントロールの外にあるものである。そして人々が傘をさすことによって雨が降ることがない以上、因果性に非対称性が復活していることは明らかである。

確率に賭ける

パールの因果グラフにおいて因子(「節点」)を結びつける矢印は、確率的な結びつきを示している。パールはその結びつきをベイズ主義の言葉で理解するので、因果グラフはときにベイジアン・ネットワークと呼ばれる。ベイズ主義とは、新たな証拠に照らしてどのように確率評価を理解、調整すべきかについての一つの具体的な説明である。原因とはその結果の確率を上げるものだという考え方は、魅力的だが論争含みである。さらに、その議論を脇に置いても言えるのだが、確率が何に存するかをめぐって非常に異なる二つの考え方がある。

頻度主義として知られる見解がある。確率にまつわる事実は出来事の生起の相対頻度によって定まるという見解である。よって頻度主義者は次のように言いたいだろう。つまりコインの表が出る確率が50：50であるとは、これまでの出来事において、放り上げられたコインのおおよそ半分が表を出したということである。そのように考える人たちにとり、統計的アプローチは明らかに助けとなる。

しかし、傾向性主義者という人たちもいる。彼らが考えるには、単一事例においてさえ、その生起にははっきりした特定の強さの傾向性がありうる。[*1] するとコインは、現実に何回放り投げられるかを問わず、あるいはそもそも一度でも放り投げられるかどうかを問わず、表が出る五〇パーセントの傾向性を持つと言うことができる。出来事の生起の頻度に関する統計的事実は対象に内在する傾向性によって決まるのであり、その逆ではない。

コントロールする

大規模な頻度データか、それとも単称的な傾向性か、この選択は、世界の中で原因を見つけるその人のアプローチを方向づけるものでありうる。単称主義的なアプローチに惹かれる人は、何回も実験を繰り返すことに何の意味があるのかと訝しく思うかもしれない。もしかすると、すべての介入因子が注意深く遮断された、しっかりコントロールされた実験ならば、一回で因果的な結びつきを発見するのに十分であろう。

化学の黎明期に活動している人を考えよう。そしてある化学元素が別の元素に加えられると、何かが起こるとしたら何が起こるのかを発見したいと思っているとしよう。自然界ではたいていのものが混合しているから、純粋な元素が混ぜ合わされる正真正銘の事例を観察する機会がそれまでまったくなかったということはありうるだろう。そこで化学者は純粋な元素を探し求める。そして外から物質が混入するのを防ぐため、それを注意深く試験管に保管する。量を測ったある元素を、量を測った別の元素に加え、そして何が起こるのかを観察することができる。

もしこの実験が適切にコントロールされているならば、因果的な結びつきを確立するのに十分なだけのことをすでに行ったのではないだろうか。ヒューム主義者は疑いを抱くかもしれないが、単称主義者ならば当然そのように考えるだろう。おそらく同じ実験が、時が流れる中で、たとえば学校の化学の時間などに数え切れないほど行われてきた。しかし教師は、生徒に結果の証明への貢献を求めているわけではない。化学元素を混合させた結果はすでに確立されており、予想外の結果が生じれば、それはほぼ間違いなく実験者の失敗として生徒の過ちとされるだろう。いったん因果的な結びつきが単一の信頼できる事例で明らかとなったならば、同じ実験を何度繰り返してもさらに得るものはない。実験を繰り返す目的は、学校のように、主として練習にある。教師が恒常的連接性のストックを増やそうとしているヒューム主義者であるわけがない。

ナンシー・カートライトは、原因を見つける方法としてこの種の実験的手法を支持しているが、問題も提起している。いったんこのやり方で原因を見つけたとして、実験の外的妥当性はどうなるのだろうか。実験室の外の「実在」世界で、そのような因果的知識はどのように利用できるのだろうか。実験は因果的因子は、雑然とした世界では、通常どおりのあらゆる干渉や妨害にさらされるのである。実験では、なるべく閉じた系にして因果的因子を隔離する努力がなされる。しかし私たちの知る他のすべての事例において、世界は開いた系としてふるまうのであり、予想だにしない因子があらゆる方向からあらゆる帰結を伴ってやってくるのである。

兆候によるアプローチ

原因を発見するさまざまな実験的手法を考察してきたが、因果性は多様な方法で発見できることを認めるべきである。信頼のおける方法もあれば、それほどでもない方法もある。因果性の兆候を例示するものとして、昔からある因果性についてのブラッドフォード・ヒル基準を参考にすることができるだろう。オースティン・ブラッドフォード・ヒル卿が一九六五年に提案した基準である。因果性を（この場合は疫学においてであったが）見つけるには九つの因子、たとえば関連性の強さ、一貫性、時間的先行性、薬の投与量の大きさと反応の強さが比例することなどを探すべきことが提案された。

これらの基準はあらゆる領域の因果性に適用できるほど十分には一般的でないと考える人もいるだろうし、いくつかの基準を退ける人もいるだろう。しかし、因果性の信頼に足る兆候となるものごとを探そうという考え方は健全だと思われる。だがすでに示唆したように、それらの兆候が何であるのかは、因果性を何だと考えるかに依存するだろう。つまり哲学的見解次第である。

関係の恒常性を因果性の前提条件と考える人もいる。傾向性主義者はどちらかと言えばそれに同意しないだろう。完全な規則性が示唆するのは、それがまったく因果的でないことでありえよう。むしろ、因果性の理解の一端は、結果の生起が妨げられて因果性が成り立たない可能性があることを通じて、それを理解することにある。にもかかわらず、一般的傾向性、違いを生じさせること、介入下での安定性などといった兆候を探すことはできよう。これは一種の多元主義に訴えることではない。たとえ因果性が単一だが原初的であるとしても、私たちはやはりその複数の兆候を通じて、因果性を見つけられるのかもしれない。

＊1　この「傾向性」は“propensity”の訳語である。

一言だけのあとがき

因果性の知識は、理解、予測、そして新たな技術を生む私たちの能力にとって欠くことができない。何にせよ、それはあらゆる自然科学と社会科学に不可欠である。因果性を無視したら、世界の中で活動することはもはやできない。万物の総体におけるこの最も重要な結びつきを包括的に理解するには、哲学者と科学者が手を携えて取り組むことが最も期待できる。そしてそのような理解を手にすれば、原因を探究する際に最も頼りになる兆候は何かを知ることができるだろう。本書で私たちは、そのヒントをいくつか提供した。しかし、科学者や統計学者や哲学者の多くは認めるであろうが、それらの兆候は真の原因のありかへの誤りうる導き手であるにすぎない。

解説

谷川 卓

本書は、Stephen Mumford and Rani Lill Anjum, *Causation: A Very Short Introduction*, Oxford University Press, 2013 の全訳である。著者のスティーヴン・マンフォードはダラム大学の哲学教授であり、因果性や傾向性など形而上学のいくつかのテーマ、そしてスポーツの哲学などで業績を上げている。ラニ・リル・アンユムはノルウェー生命科学大学研究員であり、因果性の哲学を中心に科学哲学と形而上学の研究、とりわけ近年では健康科学に着目した形での研究に携わっている。二人は共同研究者として共著があり、本書もそうした共著の一つである。また本書は塩野直之と谷川卓による共訳である。両名で訳稿の検討を重ねつつ文体の統一を行うことで、本書の翻訳はなされた。

本書の大きな特徴は、まず、因果性の哲学において提示されている諸々の見解をコンパクトに整理している点にあると言えよう。因果性の哲学の議論状況を概観できる日本語の文献は、いまのところあまり見当たらない。そうした現状において本書は、因果性の哲学の基本的論点を幅広く紹介するガイドとして有益だと思われる。ただし本書は、単なる整理に終始しているわけでもない。本書のもう一つの大きな特徴として、いわゆるヒューム主義に辛めの評価を付けている点を挙げることができる。一八世紀の哲学者デイヴィド・ヒュームは因果性の問題を論じるなかで注目するべき論点を提示した。

その論点は大きな影響力をもっており、ヒュームの考え方を踏襲した因果論は現在に至るまで多くの哲学者に支持されている。しかしだからと言ってヒュームに反対する因果論がもはやまったく見込みのない立場になったわけではなく、それどころかこの二、三十年の議論を眺めてみると、むしろ反ヒューム主義を掲げる議論が活発になされるようになった。入門書ということもあっていくらか控えめではあるものの、本書も基本的に反ヒューム主義の立場を支持していると言ってよい。そのような観点から見たとき、本書は、おおよそ前半部(2章から5章)でヒューム主義的因果論を紹介しながらその困難を指摘し、後半部(6章から9章)で反ヒューム主義的因果論のとるべき形を模索していると捉えられる。以下では、ヒューム主義的因果論と反ヒューム主義的因果論のポイントを簡単に述べよう。

ヒューム主義的因果論

「因果関係とはどのような関係か」と問われたとき、一つのありうる答えがある。「必然的に起こさせるという関係だ」という答えである。この答えは、すぐ思いつきそうなものではあるが、それだけに直観的なもっともらしさを備えている。ピアノの鍵盤をたたいたところ、音が鳴った。そこには因果関係が認められる。鍵盤をたたいたことによって、音が鳴ることが引き起こされたのである。そしてそのように判断できるのは、鍵盤をたたいたならば音が鳴らなければならない、からだと思える。

そのような考え方に異論を唱えたのがヒュームである。ヒュームは、因果関係が必然化の関係であることを否定した。ヒュームがそのように考える根拠は、私たちの知識は結局のところ知覚経験に基づくとする経験主義をとっていることにある。そのような見解からすると、因果関係が「必然的に起こさせる」関係であるならば、「必然的に起こさせる」というそのこともまた経験されなければならない。だが私たちは、因果関係が成り立っている状況をどれだけ観察しても、そのようなことを見たり聞いたりすることはないだろう。鍵盤をたたいたら音が鳴ったケースについても、私たちはそこで「必然化」なる何かを経験したわけではない。打鍵から音の発生に至るプロセスをどれだけ詳細に観察したとしても、そこに「必然化」を見いだすことはない。経験を頼りとする限り、打鍵の後に音の発生が続くことを保証するものは何もないのだ。それではなぜ私たちは原因と結果の関係を必然化の関係と見なしているのかと言えば、ヒュームは習慣的にそう見なすようになったのだと答える。いままで鍵盤をたたいたとき、いつでもその後に音が鳴った。そのように打鍵と音の発生というタイプの出来事が繰り返し相伴って起こるのを経験すると、私たちはそれらの出来事のあいだには結びつきがあると考えるようになる。私たちは、同じタイプの出来事が規則的に生起しているのを観察すると、やがてそこに必然的な結びつきがあると考えてしまうというわけだ。

とはいえ必然化の関係でないとしたら、因果関係はいったいどういう関係なのか。ヒュームは私たちの経験を拠り所としながら三つの特徴を挙げる。一つはいま指摘した規則性であり、ほかは時間的先行性と近接性である。これまで打鍵があったときにはつねに相伴って音の発生があった。またそれらの出来事が起こる順序はいつでも決まっており、音の発生は打鍵の後に起こっている。そして目の前のピアノの鍵盤をたたいたら、音はその後そのピアノのあるところで発生する(遠くの街のホールにあるピアノが音を出したりしない)。こうしたことなら私たちの経験のなかにも見いだせる。結局のところ私たちは、規則的かつ近接的に起こる二つの出来事について、先に起こるほうを原因、後に起こるほうを結果と見なすようになる。

こうして因果性に関する一つの考え方が提示された。因果性は、出来事の規則的な生起に基づいて理解されるわけである。するとつぎは、その考え方がはたして本当に正しいのかどうかを検討することが課題となるだろう。もちろんそれに対する一つのアプローチは、ヒュームの考え方は基本的に正しいと認めることである。捉えにくいところのある因果性を観察可能なものによって説明しようとする点に共感を覚えるひとも、きっといるに違いない。ただし付記すれば、規則性を重視する点に意義を認めるにしても、ヒュームの見解を忠実にそのままの形で受け入れる必要はない。たとえば、実のところ、経験主義を受け入れないことは一つの選択肢になる。ヒュームのように経験を重視するならば、言及しうる規則性はこれまで起こった出来事に関するものに限られよう。だがそうではなく、これから起こる出来事に関しても規則性を問題にできるのではないか。つまり、過去から未来に至るすべての時点で起こる出来事に基づく規則性を問題とするのである。私たちの経験がいまだ及ばない出来事をも考慮に入れる点で、世界の観点から規則性を問題にしていると言えるかもしれない。しかし、経験と世界のどちらの観点から規則性を考えるにせよ、因果関係を必然性によって理解しようという発想は拒否するのである。

とはいえ、因果性を規則性によって理解するというまさにその点に、異論が唱えられるかもしれない。先ほど挙げた三つの条件を満たしているにもかかわらず、因果関係が成立していないケースがあれば、それは規則性説に対する反例となるだろう。実際、そのようなケースはあると考えられる。たとえば、偶然の符合のケースである。
「雨男」や「雨女」と呼ばれるひとたちがいる。何かイベントがあるとき、そのひとがいると決まって雨が降るからである。そのひとが仮に太郎だとすると、「太郎が来たから雨が降ったんだ」とさえ言われてしまうこともある。もちろん私たちは、本当はそうでないことを知っている。降雨の原因は上空で水蒸気が冷やされたことであって、太郎の居場所によって天候が左右されることはない。しかし規則性説に従えば、太郎のイベント参加は降雨の原因であることになってしまうのではないか。なぜなら、太郎がイベントに参加したときいつも雨が降っていたとすると、太郎のイベント参加と降雨のあいだには規則性が成り立ってしまうからである。太郎がいるとき決まって雨が降るのは、偶然でしかないと私たちは考える。しかしたとえ偶然であれ、規則性が成り立つなら、そこに因果関係が成立することを認めなければならないのではないか。

規則性説を擁護したければ、どうにかしてこの困難に対処する必要がある。しかしもしかすると、偶然の符合が提起する問題は規則性説にとって致命的なのかもしれない。だとしたら、ヒューム主義の観点からは適切な因果性理論を提示できないことになるのだろうか。

実はヒュームは、規則性とは別に、因果性の概念を分析するための候補を挙げている。それは、反事実条件法である。

なぜ太郎の参加は降雨の原因でないのかと真顔で言われたなら、一つの答え方はつぎのようになると思われる。「だって太郎が来ても来なくても、どちらにしたって雨は降ったでしょう」。私たちは、ある出来事の原因とは、その出来事が起こるかどうかに違いを生じさせる出来事だと考えているところがある。実際には太郎がイベントに参加して、かつ雨が降ったとしても、仮に太郎が参加しなかったとしたとき依然として雨は降ったと言えるなら、太郎の参加は降雨に関して違いを生じさせていない。よって太郎のイベント参加は降雨の原因ではないのだ。それに対して、水蒸気の冷却の場合はつぎのように言える。すなわち、「もし水蒸気が冷却されなかったならば、雨は降らなかっただろう」。水蒸気の冷却が起こるかどうかは降雨が起こるかどうかに違いを生じさせたのであり、そしてその確認は、現実に起こったある出来事が起こらなかった仮想的な状況(反事実的な状況)でどのような事態が生じたかを踏まえてなされるわけである。ここで反事実的な状況ということで私たちがまず問題にするのは、仮定に関するところだけ現実と違う状況、言い換えるならば現実との違いが最小限であるような状況である。いまのケースに関して言えば、水蒸気の冷却は起こっていないが、そのほかはできる限り現実と同じような状況が問題となる。そのような状況では、気象に関する自然法則なども同じであるから、水蒸気が冷やされていない以上は雨が降ることもないはずだ。そういうわけで先ほどの反事実条件文は真だと言えるのである。たしかに可能性としては、水蒸気が冷やされていないにもかかわらず雨が降った状況を考えてもよい。だがそれは、(たとえば神様が雨をつかさどっているというように)現実との違いがあまりにも大きな状況であり、それゆえ現実における因果関係の判断にとって主要な役割を果たしたりしない。

反事実条件法に基づいて因果性を理解しようというアプローチには、課題も指摘されている。一つには、反事実条件法が依拠する可能性の概念をより明確にすることが求められるだろう。また因果性の分析という観点からも、いくつか反例と思われるケースがあるので、その対処を検討する必要がある。その一つは多重決定のケースであり、たとえば示し合わせたわけでもないのに太郎と花子が鍵盤を同時にたたいて音が鳴るようなケースである(「太郎が鍵盤をたたかなかったならば音は鳴らなかっただろう」と「花子が鍵盤をたたかなかったならば音は鳴らなかっただろう」はどちらも偽なので、太郎の行為と花子の行為のどちらも音の発生の原因とは判定できない)。反事実条件的分析の支持者には、そうした課題に対処しつつ、因果関係がどういう関係なのかを明らかにすることが求められる。

反ヒューム主義的因果論

とはいえ突きつけられた困難を前にすれば、むしろヒュームの考え方に沿った因果論は間違っていると考えるのが適切かもしれない。実際、本書はそうした見方に傾いているようである。規則性分析にせよ、反事実条件的分析にせよ、説明困難なケースがあるのだから、一般的に正しい分析と見なすことはできないというわけだ。しかし、もしヒューム主義的な因果論が間違っているならば、どのような因果論が正しいのだろうか。

それを検討するさいにも、ヒュームを参照軸とするのは有効でありうる。ヒューム主義的な因果論は間違いであるにせよ、どこが間違いなのかをはっきりさせてやれば、それを念頭に置いて代替案を提示できるかもしれないからだ。もう一度ヒューム主義の考え方を整理しておこう。規則性分析と反事実条件的分析のどちらにしても、それは因果性という概念をどのように分析するべきかという問いへの答えと見なせる。そしてその答えには共通するアイデアを見いだせるように思える。つまりヒューム主義的因果論は、扱う問いとそれに対する答えの観点からつぎのように特徴づけることができる。

(1)因果関係という概念の分析に関わる問い、つまり「因果関係が成り立つとはどのようなことか」という問いに取り組む。(2)その問いに対する答えは一つに定まる。(3)その答えは、因果関係が還元的に分析されることを示す。(4)その答えは、原理的には、どの出来事の後にどのような出来事が起こることも認める。

この四つの特徴は、いずれも、議論の余地なく受け入れられるたぐいのものではないだろう。だからこそヒューム主義者は、規則性や反事実条件法に訴えることで、こうした特徴の適切性を示そうとする。だがまさにその点に異論を提起できるのである。上記の諸特徴が不適切であるとすれば、それが示すのはヒューム主義的因果論が間違っているということにほかならない。そのときどのような因果論が候補になるのかを、(1)~(4)の特徴それぞれの否定がどのような見解を示唆するかを検討することで確認しよう。

まず(1)である。ヒューム主義者は因果関係が成り立つことの必要十分条件を明らかにしようと試みる。そしてこの点に関して、つぎのように指摘するわけである。すなわち、すくなくともその問いだけでは因果性の哲学を十分に追求することにはならないし、もしかしたら問いとして不適切かもしれない、と。だがそれなら、取り組むべきはどのような問いなのか。そこでしばしば挙げられるのは、「因果性とは何であるか」という問いである。

私たちは、個々のケースにおいて、因果関係が何のおかげで成り立っているのかを問うことができる。たとえば電流のスイッチを入れたがゆえに方位磁石が動いたとき、その因果関係は磁界のおかげで成り立っていると言うことができよう。私たちは個々の因果関係について、それがなぜ成立したのかを、経験的に探究することができるのだ。そしてそのような点こそ、注目されるべきではないだろうか。追求されるべきは、何が因果関係を成立せしめているのかを明らかにすることなのである。つぎのように言ってもよいだろう。すなわち、因果性の哲学においては、「因果性」という語の意味を明らかにするという概念分析的課題よりも、私たちが因果性と呼ぶものは世界のなかでどのようにあるのかを探究するという存在論的課題のほうをより重視するべきなのである。*1

さてしかし、ヒューム主義に反対する手段は、何も概念分析を退けることに限られない。「因果関係が成り立つとはどのようなことか」という問いを重視しつつ、それに反ヒューム主義的な答えを与えることは有効な手段となるだろう。つまり(2)を否定するアプローチである。

ヒューム主義によると、因果関係が成り立つとはどういう意味なのかは、ただ一通りの仕方で分析される。だが、そのように考える必要もないのではないか。というのも、私たちが因果性の概念を学んだのは、実に多種多様なケースを踏まえてのことだと考えられるからである。私たちは因果関係が成り立っている個別のケースを報告するのに、多くの場合他動詞を用いる。たとえば「押す」「傷つける」といった動詞である。そうした動詞をどのようなときに使うのかを、私たちは何らかのケースを観察したときに学んだだろう。つまりある人の身体動作のゆえに物が移動するのを観察したり、あるいは別の人が出血したりするのを観察したりしたとき、そうしたケースを「押す」「傷つける」という語で表すことを学んだのだ。そのようにして私たちは因果的な事柄を表すいろいろな動詞を学んでいく。そして私たちはやがてそれらの動詞を「因果性」の概念のもとに一つに括る。それは個別の因果的な場面を表す語を学んだ後で追加されたものと言うべきだろう。因果性の概念を学んでから個別のケースを報告するのに他動詞を適用していくわけではなく、個別のケースに即して他動詞の使用法を学んでから、ある点で認められる類似性を根拠として、それらを「因果性」のもとに括るのである。そうであるなら、因果性の内実を一通りの仕方で捉えることはそもそも困難な課題ではないだろうか。[*2]

あるいは、因果関係を還元的に分析しようという発想に対して異が唱えられるかもしれない。(3)を否定するアプローチである。

ヒューム主義において因果性は還元的に分析されるべき概念である。そのさい還元先は規則性や反事実条件法である。これは言い換えるならば、ある一つの場面における因果関係の成立に、そことは別の時と場所で起こった出来事や、仮想的な状況が関係してくるということである。しかし考えてみれば、なぜ当の場面以外のところが関係するのだろうか。太郎が段ボールを押したのならば、関連する因果関係(太郎の身体動作が段ボールの移動を引き起こす)はまさにそこで成り立っているのであり、それは類似のケースや太郎が別様にとりえた行動とは無関係に、その場面だけで十分成り立っているのではないだろうか。この点は、私たちが因果関係の成立をどうやって把握するのかを考えてみれば、さらにもっともらしく思われるかもしれない。つまりヒュームに反して、因果関係は直接的な経験の対象だと主張する余地があるだろう。私たちは、太郎の身体動作のゆえに、段ボールが移動することを知覚したのである(実はこの論点は二つ前の段落の見解と密接に関係する。先ほど述べたのは、個、別の因果関係を経験することで他動詞の用法を学ぶ、といった見解であった）。そしてそこで成り立っている因果関係を知覚したと言えるのであれば、因果関係はそこに原初的な仕方で成り立っていると言えるのではないか。この点は、とくに自分の行為が原因であるときを考えると実感しやすいだろう。自分の意志に基づく身体動作によって物が動いたとき、自分こそが因果関係の起点であることに、しかも原因が自分の意志にあることに直接的に気づくはずだからである。だとすれば、すくなくともこの種の因果関係の実在を疑うことはできず、しかも、還元不可能と理解できそうである。[*3]

さて、ここまでの説明に中途半端な印象をもったひともいるかもしれない。ヒューム主義によると因果関係は必然化関係と区別されるが、その論点は因果関係をたまたま偶然的に成り立つ関係と見なす見解と結びつく。つまり個々の出来事はバラバラであり、よってどのような出来事の組み合わせを考えることも原理的には認められるわけだ（接着剤でくっついていないバラバラのタイルについて、どのような組み合わせを考えてもよいのと類比的である）。反ヒューム主義と言うからには、こうした点こそ問題視するべきでないだろうか。そこで考慮するべきが、（4）を拒否するアプローチである。

自然にある事物は、ある条件のもとで特徴的な振る舞いを示す。たとえば砂糖は水の中に入れると溶ける。水溶性と呼ばれるこの性質は、砂糖がもつ重要な性質の一つである。水の中に入れられるまで砂糖はその性質を備えていなかった、ということはもちろんない。いまスーパーの売り場に並んでいる砂糖も、やはり水溶性をもっている。その点で水溶性は、実際に水の中に入れられるまでは砂糖に潜在している性質だと言えるだろう。またそれは本質的と言ってよい性質だと思われる。とくに細工がされていない限り砂糖は水の中に入れると必ず溶けるのであり、そして水の中に入れても溶けないような物質は砂糖ではないのだ。さて、いま目の前にある角砂糖も水溶性を備えているはずである。だからその角砂糖を水の入ったコップの中に入れたら、きっと溶けるに違いない。その個別的事例に因果関係を見てとるのは不自然ではないだろう。私たちはそこに、〈砂糖を水の中に入れること〉が〈砂糖が溶けること〉を引き起こすという関係を見いだしうる。しかもその関係は、砂糖という物質が関わる限り、必ず成り立つと言えそうである。だとすれば、因果関係を必然化の関係と見なすのも、あながち無理ではないのかもしれない。なお、ある条件(「刺激」などと言われる)とそれに対する振る舞い(「顕在化」などと言われる)によって特徴づけられる性質のことを傾向性と言う。だからいま述べた論点は、より一般的には、傾向性をもとにして因果性を理解するアプローチを示唆していると言えよう。事物の備える傾向性は科学的探究によって明らかとなりうるのであり(砂糖の水溶性は化学的・物理的な探究のゆえに明らかとなっただろう)、そしてひとたび傾向性を特定できれば、当の事物が関わる限り、因果関係をその傾向性の顕在化によって理解できるというわけだ。因果性の基礎は、自然の事物のあり方に求められることになる。*4

本書の著者マンフォードとアンユムが共感を寄せるのも、傾向性に訴えるアプローチである。ただし、つぎの点には留意しておいてよい。つまり著者たちは、刺激と顕在化のあいだに強い結びつきがあることは認めながらも、それを「必然化」と特徴づけるのには躊躇を示している。もしかして何か追加の要因があったりすると(実際には何か細工がなされたりすることはあるのだ)、刺激を与えられても傾向性は顕在化しないかもしれないからだ(あなたが砂糖を入れようとする直前、だれかがコップに相当量の砂糖を入れてしまい、そこにあるのはすでに飽和溶液であるかもしれない)。しかしそれでも著者たちは、どのような出来事のペアも原理的には因果関係に立ちうるとする見解とは一線を画するのである。ヒュームという偉大な哲学者の見解に反対するこの考え方は、しかし、それに劣らず偉大な哲学者を後ろ盾にすることができる。すなわち、因果性の基礎となる傾向性は事物の本質的性質として科学的探究によって発見されるとするこのアプローチは、しばしばアリストテレスの哲学と親和的なものとして理解されている。*5

因果性の哲学では、以上のような諸見解の是非をめぐって議論がなされている。著者たちの一押しである傾向性に訴えるアプローチにも、疑問を提起できないわけではない。たとえば著者たちはいくつかの箇所で歴史や経済における因果関係を重要視しているように思えるが(第6章における「フェルディナント大公の暗殺が第一次世界大戦の原因である」「通貨供給量を増やすことはインフレ率の上昇を引き起こす」など)、そうしたケースを傾向性に基づいて説明できるかどうかは未知数だろう。傾向性が事物の本質であるなら、それはまず自然科学の探究対象だと思えるからである。

しかしそうした点の検討を含めて、あるべき因果性の哲学を考えていくには、いまある諸見解について理解を深めておくことは有益なはずである。本解説で述べたおおまかな見取り図を一つの参考としつつ本書を紐解き、各章で紹介されている見解を評価してもらえればと思う。もし本書によって因果性の哲学に興味をもつようになる方がいるなら、それは訳者たちにとって大きな喜びである。

最後に訳者を代表して、本書の翻訳にあたりお世話になった二人の方に感謝を申し上げたい。信原幸弘先生には、訳者たちを岩波書店に紹介する労をとっていただいた。また押田連氏には、私たちの作業を見守っていただき、編集に関するあらゆる点でお世話になった。本書を出版することができたのは、お二人のご支援のおかげである。

＊1　このアプローチのより詳しい解説は、日本語でも、須藤靖・伊勢田哲治『科学を語るとはどういうことか』(河出書房新社、二〇一三年)第4章で読むことができる。

＊2　この段落の論点はG・E・M・アンスコムに依拠している。「読書案内」にある文献を参照されたい。

＊3　行為遂行時の意志(および、身体に対して何らかの働きかけのあるケース)に言及しながら因果性の原初性の主張を支持する議論はつぎに見られる。D. M. Armstrong, *A World of States of Affairs*, Cambridge University Press, 1997, chap. 14.

＊4　傾向性主義を擁護する最近の著作には、たとえばつぎがある。Alexander Bird, *Nature's Metaphysics: Laws and Properties*, Oxford University Press, 2007. またこうした見解に強い影響を及ぼしたのは、シドニー・シューメイカーの論文である。Sydney Shoemaker, "Causality and Properties", in Peter van Inwagen (ed.), *Time and Cause*, D. Reidel, 1980, pp. 109–135.

＊5　現代形而上学におけるアリストテレス主義については、つぎを見られたい。トゥオマス・E・タフコ(編)、加地大介ほか(訳)『アリストテレス的現代形而上学』(春秋社、二〇一五年)。アリストテレス主義は傾向性についての還元主義的アプローチに反対することも付け加えておきたい。つまりこの立場の哲学者は、たとえば砂糖の水溶性をその分子構造のような非傾向的性質に還元して理解する考え方には異を唱えるのである。

哲学がわかる 形而上学
スティーヴン・マンフォード／秋葉剛史、北村直彰訳
四六判二一四頁
定価一九八〇円

哲学がわかる 自由意志
トーマス・ピンク／戸田剛文、豊川祥隆、西内亮平訳
四六判一九六頁
定価一八七〇円

〈1冊でわかる〉シリーズ
科学哲学
サミール・オカーシャ／直江清隆解説／廣瀬覚訳
B6判二〇六頁
定価一八七〇円

〈1冊でわかる〉シリーズ
意識
スーザン・ブラックモア／信原幸弘、筒井晴香、西堤優訳
B6判二〇六頁
定価二三一〇円

プロレゴメナ
カント／篠田英雄訳
岩波文庫
定価九九〇円

スティーヴン・マンフォード　Stephen Mumford
ダラム大学教授．リーズ大学で博士号取得．形而上学，心の哲学から，最近はスポーツの哲学も研究している．著書に *Laws in Nature* (Routledge), *Dispositions* (Oxford University Press), *Metaphysics: A Very Short Introduction* (Oxford University Press)〔『哲学がわかる 形而上学』〕ほか．

ラニ・リル・アンユム　Rani Lill Anjum
ノルウェー生命科学大学(NMBU)研究員．トロムソ大学で博士号取得．哲学的因果論と科学方法論や科学研究との関係を広く研究している．著書に，*Getting Causes from Powers* (Oxford University Press. Mumford との共著)ほか．

塩野直之
東邦大学理学部准教授．行為論．論文に“Weakness of Will and Time Preference”，「シューメイカーの性質の形而上学」ほか，訳書に，サール『行為と合理性』，デイヴィドソン『合理性の諸問題』(共訳)ほか．

谷川　卓
高崎経済大学経済学部准教授．現代形而上学(特に因果論，様相論)．共著に『ワードマップ 現代形而上学』ほか，訳書に，トゥオマス・E. タフコ編著『アリストテレス的現代形而上学』(共訳)ほか．

哲学がわかる 因果性
　スティーヴン・マンフォード，ラニ・リル・アンユム

2017年12月14日　第1刷発行
2023年 6 月 5 日　第4刷発行

訳　者　塩《しお》野《の》直之《なおゆき》　谷《たに》川《かわ》　卓《たく》

発行者　坂本政謙

発行所　株式会社 岩波書店
〒101-8002 東京都千代田区一ツ橋 2-5-5
電話案内 03-5210-4000
https://www.iwanami.co.jp/

印刷・三秀舎　カバー・半七印刷　製本・松岳社

ISBN 978-4-00-061241-8　　Printed in Japan

索　引

ア 行

アクィナス(St Thomas Aquinas)　134, 138
アリストテレス(Aristotle)　054, 109-110, 112, 134, 138
アリストテレス主義／アリストテレス主義者(Aristotelian)　072-073, 134
アンスコム(G. E. M. Anscombe)　066-067, 106
因果グラフ(causal graph)　153-154, 157
因果連鎖(causal chains)　041-042, 047, 058-059
ウィトゲンシュタイン(L. Wittgenstein)　104-106, 116, 128
ウッドワード(J. Woodward)　155
エレア派のテスト(Eleatic test)　144
遠隔作用(action at a distance)　039-040, 048

カ 行

カートライト(N. Cartwright)　103, 159
介入(intervention)　078, 151-156, 160
化学(chemistry)　095, 158
家族的類似性(family resemblance)　105-106, 110
可能世界(possible worlds)　052, 077
加法的干渉(additive interference)　061-065
還元主義／還元主義者(reductionism/reductionist)　008-009, 094-097, 099, 146
干渉(interference)　065, 137-139, 159
カント(I. Kant)　044, 047
気象学(meteorology)　096
規則性説／規則性理論(regularity view/regularity theory)　026-032, 051, 073-074, 088, 108, 132, 136
期待(expectation)　014, 025, 053, 062, 092, 122, 127
帰納法(induction)　026-027
共通原因(common cause)　088-089
虚構主義／虚構主義者(fictionalism/fictionalist)　075, 077
近接性(contiguity)　035-044, 048-049, 051, 105-106, 108, 118
偶然性(contingency)　052-053, 060, 066, 138
偶然説(contingentist view)　055
偶然の符合(coincidences)　001, 029-032, 056
クワイン(W. V. O. Quine)　013, 134
経験主義／経験主義者(empiricism/empiricist)　018, 021, 035, 056,

118, 122-124, 134
傾向性主義／傾向性主義者(dispositionalism/dispositionalist) 131-146, 160
傾向性主義者(propensity theorist) 157
経済学(economics) 092, 096, 098
決定論(determinism) 059-060
顕在化(manifestation) 132-135, 138-139, 141, 145
原初主義／原初主義者(primitivism/primitivist) 115-129, 131, 145
減法的干渉(subtractive interference) 061-062
行為者(agent) 060, 125, 127, 145
行為者因果(agent causation) 060
行為者性(agency) 058-059, 103, 126-127
恒常的連接性説(constant conjunction account) 022-032, 066
固有受容覚(proprioception) 126-128

サ 行

産出／因果的産出(production/causal production) 019-021, 065-067, 107, 110, 133, 138, 141-146
時間的先行性(temporal priority) 035-038, 042-046, 049, 051, 053, 105-106, 118
四原因(four causes) 109-110, 112
社会学(sociology) 098
自由意志(free will) 058-059, 061, 099
消去主義／消去主義者(eliminativism/eliminativist) 009
シロス(S. Psillos) 106
心理学(psychology) 092, 098
推論主義／推論主義者(inferentialism/inferentialist) 112-113
数学(mathematics) 012, 072
スピノザ(B. Spinoza) 054, 138
生物学(biology) 095, 098, 110
潜在力(potentiality) 132-133, 135-136
全体主義(holism) 097-098
相関性(correlation) 018, 033, 035-036, 111, 121, 125, 136, 148-150
相互顕在化(mutual manifestation) 141-143
相互性(reciprocity) 089, 091
創発主義／創発主義者(emergentism/emergentist) 097
ソクラテス(Socrates) 104-105
それなしにはない(sine qua non) 082-083

タ 行

タイムトラベル(time travel) 046
多元主義／多元主義者(pluralism/pluralist) 086, 101-114, 119, 147, 160
多重決定(overdetermination) 081-082
単称主義／単称主義者(singularism/singularist) 028, 057, 132, 158
違いの作り手(difference maker) 069-070, 081, 110
知覚(perception) 121, 123

出来事因果(event causation)　060
伝達(transference)　087–093, 099, 101–102, 106–107, 110, 146
伝達理論／物理的伝達理論(transference theory/physical transference theory)　088–091, 094, 099, 146
統計(statistics)　104, 121, 148–154, 157
同時性／同時的因果性(simultaneity/simultaneous causation)　044–047

ナ・ハ行

ニュートン(I. Newton)　091
パール(J. Pearl)　153–154, 157
パワー／因果的パワー(power/causal power)　098–099, 131–139, 141–146
反事実条件的依存性説(counterfactual dependence view)　072–075, 081
反ヒューム主義／反ヒューム主義者(non-Humeanism, anti-Humeanism/anti-Humean)　031, 051–052, 066, 073
ピアソン(K. Pearson)　149–150
非決定論的因果性(indeterministic causation)　066–067
非対称性(asymmetry)　009–012, 022, 037, 089, 157
必然化(necessitation)　022, 057–060, 063–067, 074, 138
必然化主義／必然化説／必然化主義者(necessitarianism/necessitarian view/necessitarian)　054–059, 063, 066–067
必然性(necessity)　051–067, 137–138, 140, 146
ヒューム(D. Hume)　007, 013, 018–027, 030, 032, 035, 038–039, 042–044, 046, 048–049, 051–056, 063, 066–067, 072–073, 080, 083, 085, 087, 108, 118–119, 122, 124–128, 134, 136, 138, 140, 149
ヒューム主義／ヒューム主義者(Humeanism/Humean)　022–031, 054–056, 060, 072–074, 125, 143, 147, 158–159
頻度主義(frequentism)　157
フィッシャー(R. Fisher)　150–151
不在(absences)　144
物理学(physics)　009–012, 014, 048, 066, 087, 089, 095
ブラッドフォード・ヒル(A. Bradford Hill)　160
プラトン(Plato)　104
ベイズ主義(Bayesianism)　157
妨害(prevention)　065, 107, 137–139, 144–145, 159
法則／自然法則(law/law of nature)　010, 024, 029, 054, 076
ホール(N. Hall)　106–107
本質(essence)　003, 085–086, 102, 104–106, 111–114, 140

マ 行

マーティン(C. B. Martin)　142
マッキー(J. L. Mackie)　057–058
ミル(J. S. Mill)　063–064, 134, 151

ラ 行

ラッセル(B. Russell)　008–012, 014, 089, 134
ランダム化比較試験／RCT(randomized controlled trial)　078, 080, 104, 151–152
リード(T. Reid)　124
ルイス(D. Lewis)　021, 026, 073, 076–080, 134
ロック(J. Locke)　085, 117–118, 120, 122–123

読書案内

全　般

Anscombe, G. E. M.（1971）*Causality and Determination*, Cambridge: Cambridge University Press.

Beebee, H., Hitchcock, C. and Menzies, P.（2009）*The Oxford Handbook of Causation*, Oxford: Oxford University Press.

Russell, B.（1913）'On the Notion of Cause', in Mumford, S.（ed.）（2003）*Russell on Metaphysics*, London: Routledge.

Sosa, E. and Tooley, M.（1993）*Causation*, Oxford: Oxford University Press.

ヒューム主義

Hume, D.（1748）*An Enquiry Concerning Human Understanding*, P. Millican（ed.）, Oxford: Oxford University Press, 2007.〔『人間知性研究』，斎藤繁雄・一ノ瀬正樹（訳），法政大学出版局，2011 年〕

Mackie, J. L.（1980）*The Cement of the Universe: A Study of Causation*, New York: Oxford University Press.

Psillos, S.（2002）*Causation and Explanation*, Chesham: Acumen.

反事実条件的依存性

Collins, J., Hall, N. and Paul, L. A.（2004）*Causation and Counterfactuals*, Cambridge, MA: MIT Press.

物理的伝達

Dowe, P.（2000）*Physical Causation*, Cambridge: Cambridge University Press.

Kistler, M.（2006）*Causation and Laws of Nature*, New York: Routledge.

多元主義

Cartwright, N.（2007）*Hunting Causes and Using Them*, Cambridge: Cambridge University Press.

Hall, N.（2004）'Two Concepts of Causation', in Collins, J., Hall, N. and Paul, L.

A. (2004) *Causation and Counterfactuals*, Cambridge, MA: MIT Press.
Psillos, S. (2010) 'Causal Pluralism', in Vanderbeeken, R. and D'Hooghe, B. (eds.), *Worldviews, Science and Us*, Singapore: World Scientific Publishing.

傾向性主義

Ellis, B. (2001) *Scientific Essentialism*, Cambridge: Cambridge University Press.
Harré, R. and Madden, E. H. (1975) *Causal Powers: A Theory of Natural Necessity*, Oxford: Blackwell.
Martin, C. B. (2008) *The Mind in Nature*, Oxford: Oxford University Press.
Mumford, S. and Anjum, R. L. (2011) *Getting Causes from Powers*, Oxford: Oxford University Press.

介入主義

Woodward, J. (2003) *Making Things Happen: A Theory of Causal Explanation*, Oxford: Oxford University Press.

因果性と法

Hart, H. L. A. and Honoré, T. (1959) *Causation in the Law*, Oxford: Oxford University Press, 2nd edition, 1985.〔『法における因果性』，井上祐司・真鍋毅・植田博(訳)，九州大学出版会，1991 年〕
Moore, M. S. (2009) *Causation and Responsibility*, Oxford: Oxford University Press.

因果性と科学

Illari, P., Russo, F. and Williamson, J. (2011) *Causality in the Sciences*, Oxford: Oxford University Press.

因果性と社会科学

Elder-Vass, D. (2010) *The Causal Power of Social Structures: Emergence, Structure and Agency*, New York: Cambridge University Press.
Hoover, K. D. (2001) *Causality in Macroeconomics*, New York: Cambridge University Press.

医学における因果性

Howick, J.（2011）*The Philosophy of Evidence-Based Medicine*, Oxford: Wiley-Blackwell.

原因を見つける

Pearl, J.（2009）*Causality*, 2nd edition, Cambridge: Cambridge University Press.〔『統計的因果推論：モデル・推論・推測』，黒木学(訳)，共立出版，2009 年，第 1 版の翻訳〕

因果性と確率

Mellor, D. H.（1971）*The Matter of Chance*, Cambridge: Cambridge University Press.

Suárez, M.（2011）*Probabilities, Causes and Propensities in Physics*, Dordrecht: Springer.

日本の読者のための読書案内

現状では，因果性の哲学を主題的に扱った日本語で読める本はあまりない(それに対して海外では，「読書案内」にもあるように因果性の哲学に関するリーディングスやハンドブックが出版されており，この分野の活況ぶりを窺わせる)．ここでは，本書で提示されている議論と関連の深い本と，因果論の扱いを含む本を紹介する．

(1) デイヴィッド・ヒューム『人間本性論〈第1巻 知性について〉』木曽好能(訳)，法政大学出版局，2011年
(2) デイヴィッド・ヒューム『人性論(1)：第1編 知性について(上)』大槻春彦(訳)，岩波書店，1948年
(3) デイヴィッド・ヒューム『人性論(2)：第1編 知性について(下)』大槻春彦(訳)，岩波書店，1949年
(4) 杖下隆英『ヒューム』勁草書房，1982年
(5) 中才敏郎(編)『ヒューム読本』法政大学出版局，2011年
(6) 一ノ瀬正樹『原因と結果の迷宮』勁草書房，2001年
(7) デイヴィッド・ルイス『世界の複数性について』出口康夫(監訳)，佐金武・小山虎・海田大輔・山口尚(訳)，名古屋大学出版会，2016年
(8) 戸田山和久『科学哲学の冒険：サイエンスの目的と方法をさぐる』，日本放送出版協会，2005年
(9) 森田邦久『科学哲学講義』ちくま新書，2012年
(10) サミール・オカーシャ『1冊でわかる　科学哲学』廣瀬覚(訳)，岩波書店，2008年
(11) アレックス・ローゼンバーグ『科学哲学：なぜ科学が哲学の問題になるのか』東克明・森元良太・渡部鉄兵(訳)，春秋社，2011年
(12) 須藤靖・伊勢田哲治『科学を語るとはどういうことか：科学者，哲学者にモノ申す』，河出書房新社，2013年
(13) 鈴木生郎・秋葉剛史・谷川卓・倉田剛『ワードマップ現代形而上学：分析哲学が問う，人・因果・存在の謎』新曜社，2014年
(14) 佐藤俊哉『宇宙怪人しまりす 医療統計を学ぶ』岩波書店，2005年

(1)〜(3)は，本書でも重要な哲学者として登場するヒュームの著作 *A Treatise of Human Nature* の翻訳である(書名が違っているが，どちらもこの本の翻訳である)．この本は三巻構成になっており，そのうち因果性をめぐる問題は第一巻で論じられている．とはいえこの著作に当たる前に，ヒュームの哲学についてある程度学んでおきたいという人もいるだろう．そこでやや古いものであるがヒュームの哲学の概説書として(4)を，ヒュームの哲学のさまざまな側面が取り上げられている比較的最近の論文集として(5)を挙げておく．そして(6)は，因果性の哲学を主題的に扱った数少ない日本語で読める本の一冊であり，ヒュームの哲学を踏まえつつ独自の視点から因果性をめぐる問題が論じられている．さて本書第5章では，反事実条件的依存性の真理を根拠づけるにあたって可能世界が具体的対象として実在するという主張が紹介されているが，その主張の展開と擁護を試みているのが(7)である．また科学哲学において因果性の問題は重要なトピックであり，(8)〜(11)のような入門書では因果性の問題ないし因果性に関連した話題が議論されている．入門書とは別に興味深い本を一冊挙げると，(12)がある．科学哲学とはどのような学問なのかをめぐる物理学者と哲学者の対談を収めた本であり，そのなかで因果論が重要な話題の一つになっている．他方で形而上学に焦点を当てるなら，(13)に因果性の問題を扱った章がある．ヒューム主義と反ヒューム主義の対立に関して，本書で言及されていない論点もいくつか論じられている．ところで本書では，たびたび医療統計の話題が取り上げられているが，こうした話題に興味がある人向けに(14)を紹介しておきたい．肩肘張らず気楽に読めるのに，医療統計の基本的な考え方をしっかり学べる本である．

（谷川　卓・塩野直之）